地理で読み解く現代世界

授業のための世界地理

地理教育研究会 編

古今書院

＊本書に掲載した写真をカラーでご覧いただけます。
下記サイトの「本書に掲載した写真」をご覧下さい。
https://www.kokon.co.jp/book/b656889.html

はじめに

　地理教育研究会は，1957年に設立された民間教育団体です。2006年には，日本学術会議の協力学術研究団体に認定されました。

　研究会の活動の成果を世に問うため，古今書院より『授業のための日本地理』と『授業のための世界地理』のシリーズを刊行してまいりました。

　『授業のための世界地理』の初版本は1969年に刊行されました。その後，『新版・授業のための世界地理』（1979年），『90年代 授業のための世界地理』（1994年），『授業のための世界地理［第4版］』（2006年），そして『授業のための世界地理［第5版］』（2020）と版を重ねてまいりました。ここに，第6版にあたる本書『地理で読み解く現代世界－授業のための世界地理－』を刊行することが出来ましたことは，数年後に創立70年を迎える地理教育研究会にとって，記念すべきことと考えます。

　2017年の学習指導要領の改訂では，中学校の社会科地理的分野の内容に大きな変化はなく，世界地理学習では地誌学習が中心となっています。

　2018年の学習指導要領の改訂により，高校の地理歴史科では，必履修科目「地理総合」が誕生し，選択科目として「地理探究」が設置されました。「地理総合」は系統地理的な構成ではありますが，教科書の地域事例として地誌的内容が含まれています。「地理探究」は，「現代世界の地誌的考察」が主題となっています。

　本書は，初版以来の伝統である「地誌学習」のための書籍として編纂されています。小学校・中学校・高校の教員や，教員を目指す学生が手に取られることを願っています。さらに，変化の激しい現代世界を理解するために，一般市民のみなさんにも，ぜひ読んでいただきたいと考えます。

　そのために，本書は，従来の書名と内容構成を，大きくリニューアルしました。アジア，アフリカ，ヨーロッパ・ロシア，北アメリカ，中南アメリカ，オセアニアという順番は変わりませんが，それぞれの地域の記述は見開き2ページに凝縮しています。また，見出しとして，その地域を端的に解明する「問いかけ」を設定しました。各章の前後にはコラムも挟んであります。最終章は「一体化する世界」として，テーマ別の構成となっています。

　なお，本書の執筆・編集においては，多くの方々の研究成果を参考にしつつ，写真・図表などにおいても，出来るだけ執筆者のオリジナリティを反映したものとなるよう留意したことを申し添えます。

　2025年2月

地理教育研究会 理事長　谷川 尚哉

目　次

はじめに　　　　　　　　　　　　　　　　　　　　　　　　　　　　　　　　1

アジア

中国①	合法的な政党は共産党だけなのか？	4
中国②	香港・台湾で民主化運動が起こった理由は？	6
中国③	「一人っ子政策」をやめた切実な理由とは？	8
中国④	製造業の「脱中国化」が進んでいる理由は？	10
【コラム】	四川料理はなぜ辛い？	12
韓国・北朝鮮①	韓国経済が財閥中心に回っているのはなぜ？	14
韓国・北朝鮮②	朝鮮戦争はまだ終わっていない？	16
【コラム】	K-POPは天下を取りに行く！	13
東南アジア①	ASEANはなぜ設立されたのか？	18
東南アジア②	インドネシアはなぜグローバルサウスの有力国となったか？	20
東南アジア③	ロヒンギャの人々はなぜ迫害されているのか？	22
南アジア①	人口が世界一となったインドの現状は？	24
南アジア②	インドのICT産業はどのように発展したのか？	26
南アジア③	「世界の縫製工場」バングラデシュのアパレル産業の実態は？	28
西アジア①	イスラームにとってジハード（聖戦）とは？	30
西アジア②	ペルシャ湾岸で石油がたくさん採れる理由は？	32

アフリカ

①	世界遺産「タッシリ・ナジェール」からわかるアフリカ大陸の環境変化とは？	34
②	高騰するカカオ豆：日本の食卓への影響は？	36
③	マンデラ大統領が目指した「虹の国」：映画『インビクタス』は何を描いたか？	38
④	アフリカで深刻な「音のない戦争」とは？	40
⑤	中国がアフリカでインフラ整備を進める理由は？	42
【コラム】	日本の動物園がスマートフォンを回収している理由は？	44

ヨーロッパ・ロシア

①	EUに加盟する国としない国があるのはなぜ？	46
②	ヨーロッパの交通はどのように発展しているのか？	48
③	大西洋の北の島・南の島はどのようなところなのか？	50
④	氷河によって作られた景観はどのようなものがあるのか？	52
⑤	ヨーロッパは自由に往来できるようになったのか？	54
⑥	日用品はEUのどこで買っても同じ価格なの？	56
⑦	ソ連からロシアに変わってどうなったのか？	58

⑧　ウクライナ侵攻でヨーロッパのエネルギーはどうなったのか？　　60
　　【コラム】「ロードプライシング」「パークアンドライド」の目的とは？　　45

北アメリカ
　　①　アメリカの工業は世界最大なのか？　　62
　　②　アメリカはどんな農産物を輸出しているのか？　　64
　　③　「民族のサラダボウル」とは何か？　　66
　　④　アメリカのプロスポーツが世界に及ぼす影響とは？　　68
　　⑤　存在感を増すアメリカの多国籍企業とは？　　70
　　⑥　メキシコとの国境に壁が作られたのはなぜか？　　72
　　⑦　カナダの「多文化主義」の特徴は？　　74
　　【コラム】　ハワイにみる移民の現状　　76

中南アメリカ
　　①　中南米はなぜ「ラテンアメリカ」と呼ばれるのか？　　78
　　②　ブラジルはどのようにして工業国家になったのか？　　80
　　③　アマゾンの開発はどのように進んでいるのか？　　82
　　④　日系人はどのような暮らしをしているのか？　　84
　　⑤　中米の国々の特徴とはどのようなものか？　　86
　　【コラム】　カリブ海の小アンティル諸島　　77

オセアニア
　　①　アボリジナルの人々やマオリの権利は認められているか？　　88
　　②　オーストラリアの多文化主義の実態とは？　　90
　　③　乾燥しているオーストラリア大陸で何が起きているか？　　92
　　④　オーストラリアと日本はどのようにつながっているか？　　94
　　⑤　太平洋の島々が今かかえている課題は？　　96
　　【コラム】　気候難民－新たな難民問題－　　98
　　【コラム】　南極大陸は「いま」　　99

一体化する世界
　　交通・通信①　ハブ空港が立地する地の利は？　　100
　　交通・通信②　インターネットを使っていない人はどのくらいいる？　　102
　　地球環境問題①　アラル海が消滅した理由とは？　　104
　　地球環境問題②　映画『デイ・アフター・トゥモロー』が警告する地球の未来とは？　　106
　　SDGs　　SDGs：17の目標と地理学習とのかかわりは？　　108
　　地理情報　　世界の「いま」をウェブ地図からどのように読み取ればよいのだろうか？　　110
　　地理から考える平和　　パレスチナとイスラエルをどうとらえるか？　　112

　　おわりに　　114

アジア―中国①

合法的な政党は共産党だけなのか？

1. 中華人民共和国建国と憲法制定

　中華人民共和国には，共産党のほかに8つの民主諸党派がある。これらは，建国以前，中国人民政治協商会議（政協会議）に参加していた党派である。国民党との内戦で共産党の優勢が明確になるなか，共産党主導のもと，政協会議が設立され，建国の母体となった。

　1949年10月1日，建国宣言をした毛沢東が主席となり，副主席6人のうち共産党員は3人で，政務院（のち国務院）総理には周恩来が就任した。臨時憲法が制定され，現状を「プロレタリア独裁の社会主義へ移行する過渡期」と規定した。この時制定された国旗「五星紅旗」には，革命と社会主義を示す赤色に，中国共産党を象徴する大きな星と，勤労者・農民・知識人・愛国的資本家の人民を表す4つの小さな星が配置されている。

　朝鮮戦争の勃発などの東西冷戦が激化するなか，1953年，毛沢東は社会主義への早期移行を主張し，第1次5カ年計画が始まった。翌年，第1期全国人民代表大会（全人代）第1回大会が開催され，中華人民共和国憲法が制定された。この憲法は社会主義の原則を採用し，前文では「共産党の指導」が強調された。

　民主主義的集中制のもと全人代が最高国家権力機関となったことで，政協会議は協賛機関となった。民主諸党派は共産党の指導を受け入れ協力する政党であり，建国以後に結成された合法的政党はない。

2. 毛沢東，鄧小平，そして習近平

　毛沢東時代の大躍進政策失敗，プロレタリア文化大革命の混乱を経て，1970年代末から鄧小平による改革開放政策が始まる。この政策を推進した胡耀邦，趙紫陽は，民主化運動への理解を示したことで，鄧小平によって失脚させられた。鄧小平の後，最高指導者は江沢民，胡錦濤を経て習近平にいたる。江沢民以来，最高指導者は，共産党総書記，国家主席，党および国家中央軍事委員会の主席を兼任する（図1）。共産党総書記になった者が国家主席として国務院総理の指名権を有し，中央軍事委員会主席として同委員会委員の指名権を有しているのである。

　現行憲法は鄧小平時代の1982年に制定された。その第15条には，「国は社会主義的市場経済を実行する」と明記されている。2018年，5回目の改定で，第1条2項に「中国共産党による指導は中国的特色ある社会主義の最も本質的な特徴である」と書き込まれ，79条3項から国家主席，副主席の連続2期以上の就任禁止規定が削除された。そして，習近平は2023年3月，3期目の国家主席に就任した。

3. 漢民族と少数民族

　2022年からの第20期共産党中央政治局員は24人である。このなかに少数民族の政治局員はいない。かつて第11～12期（1977～87年）には2人の少数民族政治局員がいたが，第13期以降，少数民族の政治局員はほとんどいない。また，少数民族が居住する地域に

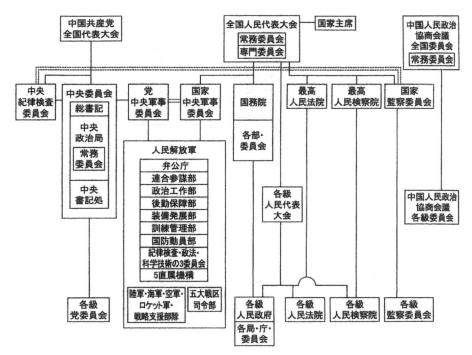

図1　中国国家機構図（2023年12月末時点）
出所：アジア経済研究所（2024）『アジア動向年報2024』．

は民族区域自治制度が実施されているが，自治区の最高権力者は自治区共産党委員会書記で，中央から派遣された漢民族の幹部が就任することが通例となっている。

　漢民族と少数民族を統一して「中華民族」とする政策は，政治的権力を漢民族が掌握するなかで，実際には，漢民族への同化による少数民族のアイデンティティの危機とその政策に対する抵抗を招いている。たとえば，標準中国語（普通話）の普及率は2020年に80.72％に達したが，内モンゴル自治区では，小中学校の普通話強化方針に対して，師範大学附属中学のモンゴル族の生徒保護者らが大規模な抗議デモを行った。

　ところで，中国国内には時差はなく，標準時の基準は東経120度の経線，北京のさらに東である。漢民族が多く居住する地域は国土の東半分であり，西部にあるのは少数民族自治区で，シンチャンウイグル自治区のウルムチ，チベット自治区のラサはおよそ東経90度である。ここにも漢民族を中心とした一元的支配のあり方があらわれている。

〔松尾良作〕

［参考文献］
朝日本中国友好協会（2023）『中国百科　増補改訂版』pp.102-119.
藤野　彰編（2024）『現代中国を知るための54章　第7版』明石書店，pp.76-82.
光田　剛編（2017）『現代中国入門』ちくま新書，pp.48-63.
初宿正典・辻村みよ子編（2020）『新解説 世界憲法集　第5版』三省堂，pp.355-374.

アジア―中国 ②

香港・台湾で民主化運動が起こった理由は？

1. 危うい香港の一国二制度

1840年のアヘン戦争後，イギリスの植民地であった香港は，1997年，中国に返還された。現在は中国の香港特別行政区として，面積1,110km²（東京都の約半分）に約750万人が住んでいる（2023年）。しかし中国返還後も，一つの国に異なる制度が併存する「一国二制度」として，資本主義，独自の通貨（香港ドル），司法の独立，言論の自由などが認められてきた。そのため香港は，アジアの国際金融センター，世界有数の貿易港，国際的な観光地として発展してきた。

しかし，香港の行政トップを決める選挙から民主派を排除する制度を、中国政府が一方的に決めたことに反発して，2014年，学生ら若者を中心に大規模なデモに発展した。香港警察がデモ隊に向けた催涙スプレーから身を守るために使った傘が象徴となり，「雨傘運動」とよばれた。デモは約3カ月にわたり長期化したものの，直接選挙の実施などの要求が認められないまま終結した。

さらに2019年，香港政府は中国本土への容疑者引き渡しが可能になる「逃亡犯条例」改正案を立法会（議会）に提出した。中国に批判的な人物が引き渡されるという懸念から，約100万人の大規模なデモが起きた。香港政府はこの改正案を撤回したものの民主化を求めるデモは収まらず，「嫌中」の気運が高まっていった。

これらの動きに危機感を抱いた中国政府は2020年，香港での反政府活動を取り締まる香港国家安全維持法（国安法）を施行した。国安法は「国家分裂」，「政権転覆」，「テロ活動」，「外国勢力との結託」を犯罪行為として処罰することができ，これらは香港の企業や外国人，香港外の犯罪にも適用される。さらに2024年には国安法を補完する国家安全条例が施行された。これはスパイ行為など国家の安全を脅かす行為を取り締まる条例であるが，「国家機密」や「外国勢力による干渉」など，犯罪行為に関する定義が広くあいまいである。さらに中国や香港政府に対する憎悪や不満をあおる「扇動的行為」も禁じており，SNSへの市民の投稿や出版物なども取り締まりの対象となる。国連人権高等弁務官事務所は，条例の規定があいまいで，政府に批判的な声をあげる人や報道機関，人権活動家などが恣意的に標的にされる可能性があると指摘している。

写真1 「慶祝，香港特別行政区成立27周年」のポスターや中国国旗で飾られた香港・沙田のバスターミナル
返還記念日（7月1日）にはこれまで市民が政府に民主化要求を突きつけるデモなどが行われていたが，国安法の施行でその動きは封じられた。（2024年7月4日筆者撮影）

2. 民主化の進んだ台湾と中国の動き

この香港の動きを注視しているのが台湾である。共産党との内戦に敗れた

国民党が1949年に拠点を台湾に移し，中華民国として支配してきた。かつては国連常任理事国だったが，中華人民共和国が唯一の中国代表として1971年に国連に加盟し，台湾は脱退を余儀なくされた。その後，中国からの圧力などもあり，現在，台湾との外交関係をもつ国は，中南米やオセアニアなどの12の小国のみである。

日本は1972年の日中共同声明で，中華人民共和国を「中国の唯一の合法政府」と認め，台湾を自国領とする中国の立場を「十分理解し，尊重」するとして，台湾とは断交した。その後は非政府間の実務的な窓口機関を設けて関係を維持するという立場である。

台湾では長らく，国民党による一党独裁時代が続いていたが，1970年代以降からアジアの新興工業経済地域（ニーズ）の一つとして著しい経済発展を遂げるとともに，政治改革と民主化が進められた。そして1996年，はじめて台湾の政治トップの総統を選ぶ直接選挙が行われた。それ以来，4年ごとに総統選挙が行われ，対中国融和路線の国民党と，台湾独立志向の民主進歩党（民進党）が主要二大政党となっている。

2014年，国民党政権のときに，中国との「サービス貿易自由化協定」が強行採決されようとした。この協定は台湾経済を損ない，中国からの政治的圧力を懸念するとして学生らが立法院（国会）に突入し，協定撤回を求めて約20日間立法院を占拠した。総統府周辺には50万人ともいわれる人々が集まり，協定は凍結された。この運動は「ひまわり学生運動」とよばれ，同年の香港の「雨傘運動」にも影響を与え，2016年の民進党の政権交代へとつながった。

中国は毛沢東が建国した1949年から一貫して，台湾を統一するという目標を掲げている。そして「一つの中国」を拒否する民進党を警戒しており，国家の分裂行為は処罰するなどの方針を決定して圧力を強め，中台統一のためには武力行使を辞さないとの立場を明らかにしている。一方，台湾では中国による香港のデモの抑圧などの動きを受け，「嫌中」の世論が主流となった。2024年の総統選挙は注目されたが，民進党の総統が選ばれ，1996年に直接選挙が始まって以来初めて同じ政党が3期続けて政権を取ることとなった。

3．台湾の半導体生産

中国が台湾を統一するための台湾有事が危惧されるなか，経済の面から台湾の存在感を高めているのが半導体生産である。半導体はスマートフォン，パソコン，自動車といった幅広い製品に使われる電子部品で，多くの産業に欠かせない。現在，世界の半導体市場は，受託生産の台湾積体電路製造（TSMC）がリードしている。受託生産とは，半導体メーカーなどの受託を受けて他社のオリジナル製品をつくることで，TSMCはアメリカのアップルやAMD，インテルなどがおもな顧客で，自社製品はもたないが高い技術力で成長してきた。台湾がこれまで半導体を戦略物資と位置づけ，最先端の技術開発を進め，人材育成などに努めてきた結果である。

しかし，新型コロナウイルス感染症が拡大し，米中の貿易摩擦，ロシアのウクライナ侵攻などの影響により世界規模で半導体不足が生じ，多くの分野に影響を与えるようになった。台湾の半導体生産の与える影響が，結果的に台湾の安全保障に役立つという状況になっており，今後の動向が注目される。

［高田和則］

アジア―中国③

「一人っ子政策」をやめた切実な理由とは？

1. 変化した産児制限スローガン

中国各地には，人口政策を告知する看板がある。そこにうたわれたスローガンは，政策の変化を反映している。

① 控制人口数量　提高人口素質
② 生男生女一样好　人口素質最重要
③ 二孩　全面実施両孩政策　促進人口均衡発展

①は2003年，ペキン（北京）にあった看板に書かれたスローガンで，背景には公園の芝生に座る若い母親と年少の男児1名が描かれている。②は2011年，コワンシー（広西）壮族自治区のもの，背景は公園の芝生をバックにひまわりを持つ女児，③は2017年，スーチョワン（四川）省のもの，林をバックに若い夫婦と男児1人女児1人の写真である。それぞれの意味は，①「人口の数を抑えて，人口の質を高めよう」，②「男の子を産むことも女の子を産むことも同様にすばらしい」，③「第二子　子ども2人を全面的に実施して，バランスのよい発展を目ざそう」である。

1950年に5億4,400万人ほどであった中国の人口は，1981年に10億人を超えた（図1）。急激な人口増加は食料問題などの原因となるので，1979年に人口増加を抑制するために，一組の夫婦に子ども一人という「一人っ子政策」が始められた。

上記①②のスローガンは，「一人っ子政策」が実施されていた時期のものである。子どもが一人となれば，家系を嗣ぐ者として，あるいは労働力として男児が望まれる。②はその風潮に対する戒めである。③には，2016年に2人目の子どもの出産が認められるようになったことが反映されている。さらに2021年には，3人目の子どもの出産が認められるようになったが，出産を国家が管理するという政策であることに変わりはない。憲法第25条には「国は計画出産を推進し，人口増加を経済および社会の発展計画に適応させる」，第49条二項には「夫婦はともに計画出産を実行する」と定められている。

2. 一人っ子政策廃止の理由

「一人っ子政策」のもとでは，子どもを1人しか産まないと申告した夫婦に「独生子女証（一人っ子証）」を発給して学費や医療費などを援助するが，2人以上産むと出産費用は自己負担となり，年収の3倍の罰金が科せられるなどの罰則がかけられた。そこで，男児を望む傾向の強い中国の，とくに農村部では，妊娠中に女児とわかると堕胎させたり，生まれても戸籍に入れなかったりすることがあった。無戸籍の子どもは「黒孩子」と呼ばれ，教育，医療などの公共サービスから排除された。孤児院へ収容された後，海外養子となるケースもあった。一方，一人っ子は，2人の親，4人の祖父母に過保護に育てられ，その結果，「小皇帝」，「小女帝」とよばれる自己中心的な子どもが育つケースも多かった。そもそも計画出産が，リプロダクティブ・ヘルス／ライツの観点から人権侵害との指摘もあった。この

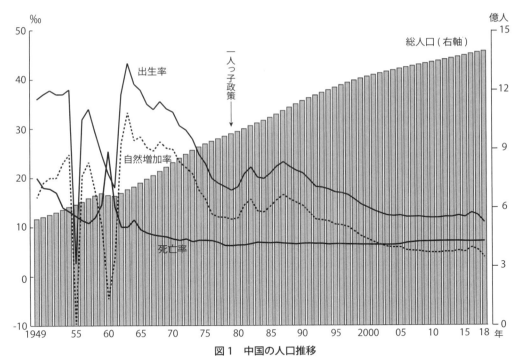

図1　中国の人口推移

資料：国家統計局『中国統計年鑑2019年版』中国統計出版社.
出所：上野和彦（2021）「行政区画・一人っ子政策・土地使用権」地理，66-5, p.19.

ような問題は少なくとも1990年代初めには明るみに出ていたが，第1子が女子の場合であるとか，両親がともに（のち，どちらか）一人っ子である場合，第2子の出産を認めるという緩和策をとりながらも，政策は継続されてきた。

「一人っ子政策」の実施により出生率と人口増加率は減少したものの，出生率が死亡率を上まわっていたため人口増加は緩やかながらも続き（図1），高齢化と労働力人口の減少が急速に進んだ。2001年に高齢者の割合が7.1％となり高齢化社会に，2021年には14.2％で高齢社会になった（日本は1970年に高齢化社会，1994年に高齢社会）。

生産年齢人口（15～64歳）は2010年の74.5％をピークに減少をはじめ，2022年には68.2％になった。およそ20年後には生産年齢人口は一人っ子世代が占めることになる。そして，10％に達していた経済成長率が2010年代から下がり続けるなか，「一人っ子政策」を放棄することになった。

しかし，「一人っ子政策」を廃止しても，出生率は低下している。この原因としては，都市部に住む人口の増加が考えられる。都市部では婚姻数が減少するとともに晩婚化がすすみ，高い生活費，ことに教育費が原因となって少子化が進んでいる。

［松尾良作］

［参考文献］
星野　朗・長谷安朗・松村吉郎・三宅博之（1992）『地球を旅する地理の本2　アジア』大月書店，pp.115-123.
国家統計局『中国統計年鑑2023』web版.
初宿正典・辻村みよ子編（2020）『新解説 世界憲法集　第5版』三省堂，pp.355-374.

アジア―中国 ④

製造業の「脱中国化」が進んでいる理由は？

1. 現代の「世界の工場」となるまで

　中国はいかにして「世界の工場」となったのか。まず，中国は14億人もの巨大な人口を有していることが挙げられる。その人口が安価な労働力，すなわち生産力となり，低コストによる工業製品の大量生産を可能にした。農村部から都市部へ出てきた人々は農民工といわれる。安価で豊富な労働力は，後述する経済特区などにある工場で，繊維工業や電気機器などの組立工業において大きな力を発揮している。

　1978年ころから中国政府が改革開放政策の一環として，外国資本の積極的な受け入れを行ってきたことも挙げられる。中国南東部にある深圳・珠海・汕頭・厦門・海南省を経済特区とし，税の優遇などを通して外国資本を誘致した。その後に内陸部にも多く設置した経済技術開発区などにより，外貨や高度な技術が多分にもたらされ，経済発展に結びついたといわれている。また，豊富な鉱産資源を有していたことも大きい。タートン炭田やターチン油田は有名である。中国は石炭を多く産出し，石炭に依存する経済体制を採っていた。

　これらの要因が重なったことによって，特に鉄鋼，機械，化学，繊維などの工業製品が世界一の生産高になり，中国は「世界の工場」としての地位を築いたのである。

2.「世界の工場」で起きていること

　この圧倒的な生産力を誇ってきた「世界の工場」も近年，状況が大きく変化しつつある。まず，巨大な人口に関して，その増加が止まったことである。国連の推計によると，中国の生産年齢人口（15〜64歳）は2015年にピークを迎え，その後，減少に転じている。

　次に，労働者の賃金の上昇，つまり人件費を高騰させたことである。つまり，安価で豊富な労働力の確保が難しくなったのである。経済成長・工業化の成功は，都市部に住む国民一人当たりのGDPを上げ，結果として人件費が高騰した。企業としては，これまでと同規模の資金で同人数の労働者を雇うためには，労働者に支払う賃金を下げるか，商品価格を上げるために，より効率的に付加価値を創造した商品を開発しなくてはならないが，どちらも解決の難しい問題である。また，中国は新疆ウイグル自治区において，イスラム教徒のウイグル人に対して「中国化」を強要するという人権問題も抱えている。この問題を国際社会は大きなリスクとして捉えている。

　環境問題も大きな問題となっている。先ほども述べたように，中国は石炭を多く使って工業を発達させていった。それによって，大気汚染が社会問題となっている。不十分な排ガスや煤塵除去の設備，国際的基準に耐え得るような排ガスなどの規制もないまま，大規模工場から多大な炭素ガスや煤塵を放出させてきた。大気が白く濁り，見通しの悪くなった街を，防塵マスクを付けた人々が行き来する様子が，日本でも報道された。日本には大気汚染物質として「PM2.5」が飛来し，日本に住む人々の生活に大きな影響を与えた。

　さらに，2018年に先端分野を中心にアメリカと中国が対立し，米中貿易関税問題が発生した。アメリカは中国に半導体や人工知能などのICT先端分野で輸出規制，技術供与に

強い規制をかけたことも「脱中国化」に拍車をかけた。このような事態を受け、企業のベトナムやタイへの生産移管の動きが加速している。

3. 今後「世界の工場」はどこへ

以上のような状況から「脱中国化」の動きが加速してきている。中国国内の企業は、国内都市部から農村部へ工場を移転もしくは建設をするよりも、ベトナムやフィリピンといった比較的賃金の安い東南アジアの国々へシフトしている。

表1　中国の輸出品上位5品目の変化

	1位	2位	3位	4位	5位
1998年	玩具・雑貨 16.1%	機械製品 14.5%	パルプ・紙 8.7%	電気機械 6.8%	家庭用電気機器 5.0%
2008年	一般機械 10.7%	電気機械 10.2%	繊維製品 9.7%	鉄鋼・非鉄金属(加工品) 8.7%	玩具・雑貨 8.4%
2018年	電気機械 17.7%	電気機械(部品) 10.5%	一般機械 10.3%	化学製品(加工品) 7.2%	一般機械(部品) 6.9%

＊輸出品は軽工業品から機械類へと変化してきた。
＊電気機械は全年とも5位以内に入り、重要基幹産業として成長してきたことがうかがえる。
出所:「Economic Monitor Oct 6,2020 No.2020-049」伊藤忠総研、2020より作成。

では、身近な生活の中で「脱中国化」はどこまで見えるか。安価で大量に工業製品を販売している大手百円均一の店で、電気小物、陶器・ガラス類、衣料品・布類について商品の生産国を見てみた。電気小物はほぼ中国製で、陶器・ガラス類は中国製が多いが、○○焼として日本製が数種類あった。衣料品・布類は中国製の他にインド製やベトナム製の商品があった。表1は、近年の中国輸出品上位5品目の移り変わりを表したものである。

その他の工業製品はどうだろうか。スペインやアメリカのアパレル企業は、人件費の安いバングラデシュへ生産拠点を移した。建設機械分野でも同様にアメリカ企業が中国での生産能力削減を図っている。半導体などの先端分野では、アメリカの携帯電話会社の生産を受託する台湾の精密工業は、インドへの直接投資を増やしている。同じく半導体製造装置を手掛けるアメリカ企業もインドへの事業運営体制を強化している。一方で、ロボット関連企業や政府は、生成AI（人工知能）などを搭載した人型ロボットの開発や実用化を急速に進めた。2022年に世界中の工場で導入された産業用ロボットの半数以上は中国製であった。アメリカとのこの分野での覇権争い、あわせて人手不足解消のねらいもあるようだ。自動車分野では、日本のマツダが中国企業への委託を終了し、韓国も中国市場の重要減少により中国の一部工場を閉鎖した。

今後「世界の工場」はどこへ行くのだろうか。一つの例として、電気自動車（EV）産業について見てみたい。現在アジアではEV誘致合戦がタイ、インドネシア、インドで起こっている。タイではEV振興策として、補助金の支給、輸入関税・物品税率の引き下げを行い、見返りにタイ国内での生産を義務付け、生産台数を設定している。これを受け2023年の販売台数は7万7,000台と前年比約7倍に急増した。中国企業も続々とタイへの新工場建設に動いている。インドネシアは世界最多埋蔵量を誇るニッケルを武器とした。車載電池に使うニッケルを2020年に禁輸とし、利用にはインドネシア国内での加工・精錬義務を課した。韓国、中国、ベトナムの企業が新工場建設に動いている。インドでは3年以内にEVを生産する企業という条件付きで関税引き下げを行っている。アジアは有力な「世界の工場」候補地の一つである。

［久保田嘉一］

[コラム] 四川料理はなぜ辛い？

中国の料理の味には「酸（酸味）」,「辣（辛味）」,「麻（しびれ）」,「苦（苦味）」,「甜（甘味）」,「香（香り）」,「鹹（塩味）」の7種類があるそうだ。担々麺や麻婆豆腐に代表される四川料理の辛さは「麻辣（マーラー）」といわれている。「麻辣」は痺れる辛さということだ。これは,「三椒」と呼ばれる3種類の香辛料,「辣椒（唐辛子）」,「花椒（ホワジャン）」,「胡椒（コショウ）」を使っているために感じる味覚である。

四川料理が辛いのは, 人が暑さに対抗するための知恵・工夫である。2つの側面からそれを見てみよう。

1. 辛さが人の身体に作用

まずは身体的な視点から考えてみよう。辛さは発汗を促すことはよく知られている。辛味成分のカプサイシンが交感神経に影響を及ぼし, 胃の消化を活発にすることで食欲を増進させたり, 体温を上昇させたりする。その結果として, 体温を下げるために汗をかく。この作用によって, 暑さを克服しようというものである。

2. 辛さが食材に作用

次に地形的な視点で考えてみよう。四川省は中国の内陸部に位置し, 山に囲まれた盆地であり, 夏にはとても蒸し暑くなる。この夏の時期は, 食べ物が特に傷みやすい。遠路運ばれてくる新鮮ではなくなってしまった食材の味を隠すために, 香辛料などによる強い味付けが好まれていた。また, 香辛料には解毒作用のあるものもある。特に平民とされる人々は, 傷んだ食べ物を食べざるを得なかったため, 辛い料理が広まったと考えられている。

3. いつから辛いのか

2つの側面から辛さの理由を考えてきたが,「麻辣」スタイルができたのは, いつ頃からなのだろうか。四川料理自体は, 三国時代からあるといわれている。現在の「麻辣」の味となったのは17世紀以降だという。理由はいたって簡単で, 唐辛子の原産地は新大陸の南アメリカであり, それ以前は中国に唐辛子が存在しなかったからである。唐辛子の伝来以降, 四川料理は辛さを増していったと考えられる。ただ現在, 私たちが食している「激麻辣」な味付けになったのは, ここ60〜70年のことらしい。四川から来た女性曰く,「辛いは故郷の味」とのこと。ホットなソウルフードである。

写真1 「麻辣」な担々麺

［久保田嘉一］

［コラム］ K-POP は天下を取りに行く！

　近年の K-POP の勢いはすさまじい。K-POP アイドルのファンは日本でも多く，韓国語を趣味で勉強する高校生も珍しくない。年末恒例の NHK 紅白歌合戦では 2024 年に K-POP グループが 6 組も出演した。

　K-POP に魅了される理由は何か。K-POP に詳しい著述家の酒井美絵子氏は，誰もが羨む容姿を持つメンバーが，難しいダンスをしながらフォーメーションをコロコロと変えて一糸乱れず群舞し，同時に生で歌唱するというパフォーマンス力を挙げる。

　K-POP が世界に出ていくのはなぜか。それは人口や GDP からみて韓国の国内市場が狭いことが一因である。さらに日本や中国などアジア市場に留まらないのは韓国とそれらの国の間で政治的・歴史的な摩擦やリスクがつねに内在しているためだという。近年の韓国は経済力が強くなり，K-POP は重要な輸出産業として政府が積極的に支援している。

　世界で売れるための戦略がすごい。わかりやすくキャッチーで，ときに意味不明な語を歌詞に多用することで言語の壁を超えたり（たとえば，少女時代が 2009 年にリリースした楽曲「Gee」では，歌詞に Gee が 50 回以上，baby・oh・no も各 20 回程度，同様のリズムで出てくる），日本語や英語の歌詞を作ったり，振付も一目瞭然なものにしたりする（たとえば，TWICE が 2016 年にリリースした楽曲「TT」では，手で T の形を作って踊る姿に魅了される）。メンバーに外国語を習得させたり，複数の国から人材をメンバーとして採用して多国籍グループにしたり，海外の人材を育成・プロデュースして現地でデビューさせたりして，世界各地の市場を狙っていく。音楽制作では世界中の作詞家・作曲家・振付師などに創作を依頼し，世界各国の流行を取り入れる。MV（ミュージックビデオ）を動画共有サービスに無料でアップすることで，世界中の人がそれを自由に享受してファンが増えていく。

　韓国の大衆音楽は日本の植民地支配のもとで日本の影響を受けて成立した。独立後は日本（特に旧ジャニーズ事務所の影響）やアメリカが模倣の対象となり，辿り着いた一つの到達点が男性五人組アイドル H.O.T.（1996 年デビュー）といわれる。BoA のデビュー（2000 年）は K-POP の誕生ともいえる出来事だという。2018 年に BTS が国連で演説を行ったことは記憶に新しい。K-POP は世界に大きな影響を与え続けている。

［髙橋　裕］

[参考文献]

金　成玟（2024）『日韓ポピュラー音楽史―歌謡曲から K-POP の時代まで―』慶應義塾大学出版会.

酒井美絵子（2012）『なぜ K-POP スターは次から次に来るのか―韓国の恐るべき輸出戦略―』朝日新書.

黄　仙惠（2023）「韓国コンテンツのグローバル戦略―韓流ドラマ・K-POP・ウェブトゥーンの未来地図―」星海社新書.

山本浄邦（2023）『K-POP 現代史―韓国大衆音楽の誕生から BTS まで―』ちくま新書.

アジア－韓国・北朝鮮 ①

韓国経済が財閥中心に回っているのはなぜ？

1. 漢江の奇跡

「漢江の奇跡」とは，朝鮮戦争で壊滅的打撃をうけた韓国が，1960年代後半以降，アメリカ，日本などの外債を累積させながら急速に復興し，経済成長と民主化を達成した現象をさす。

韓国の主要産業は，電気・電子機器，自動車，鉄鋼，石油化学，造船である。10あまりの財閥が経済を支配しているが，サムスン（三星／電子・電気製品，重工），現代（自動車），SK（半導体，化学），LG（電子・電気製品），ロッテ（日本のロッテHDの一部／食品，流通，化学）が5大財閥である（表1）。造船業は世界最大の規模であり，HD韓国造船海洋，ハンファオーシャン，サムスン重工業が3大造船企業である。

表1　韓国の5大企業グループと総資産（2023年）

グループ	創業者	中心人物	創業年	総資産	主な企業
サムスン	李秉喆	李健熙	1938年	486兆ウォン	サムスン電子，サムスン物産，サムスン重工業
SK	崔鍾建	崔泰源	1953年	327兆ウォン	SKイノベーション，SKテレコム，SKハイニックス
現代	鄭周永	鄭夢九	1967年	271兆ウォン	現代自動車，起亜自動車，現代モービル，現代峨山
LG	具仁会	具光謨	1947年	171兆ウォン	LGエレクトロニクス，LG化学，LGユープラス
ロッテ	重光武雄	重光昭夫	1948年	130兆ウォン	ロッテホテル，ロッテ製菓，ロッテショッピング

出所：韓国公正取引委員会，日本経済新聞電子版2023年7月17日付。

2. 韓国経済を支える主要産業の構造

JETRO（日本貿易振興機構）によれば，韓国経済の産業構造は近年大きな変化を遂げている。半導体産業もさることながら，新興産業としてEVやESS向けの二次電池が注目されている。従来の半導体産業に加え，新興産業として二次電池の需要が増加している。

韓国の経済構造の核となる産業は，電気・電子機器，自動車，鉄鋼，石油化学，そして造船である。これらの産業が韓国経済の活動を牽引し，世界市場での韓国の競争力を高める上で中心的な役割を担っている。

写真1　韓国経済の拠点，釜山港
（2023年11月筆者撮影）

表 2 韓国の主要経済統計

	2015 年	2016 年	2017 年	2023 年
GDP 成長率	2.6	2.7	3.1	1.4
一人当たり GDP（ドル）	27,214	27,450	29,744	35,110
物価上昇率（％）	0.7	1	1.9	2.3
失業率（％）	3.6	3.7	3.7	2.7

出所：JETRO 資料

表 3 韓国の人口推計

	2020 年	2024 年	2030 年	2040 年
総人口	5,184	5,150	5,120	5,019
うち内国人	5,013	4,981	4,929	4,803
うち外国人	170	169	190	216
外国人構成比（％）	3.3	3.2	3.7	4.3

出所：JETRO 資料

　国際市場で高いシェアを誇る電子・電気機器産業は，テレビ，家庭用電化製品，液晶ディスプレイ，有機 EL ディスプレイなどでトップの位置に立っており，高品質と革新的な技術が世界中で評価されている。また世界 2 位を誇る韓国の半導体産業は，メモリ半導体で世界シェアの 6 割を占めている。その重要性は，国の輸出におけるその大きなシェアと，国内製造業への貢献の高さからも明らかであり，PC やモバイルデバイスの需要増に伴い，半導体は韓国経済に欠かせない産業になっている。

　自動車業界は，国際的な半導体不況の中でも，その存在感を強め，輸出における重要な柱となっている。市場の需要の変化に対応し，韓国の自動車メーカーは継続的に戦略を調整している。一方，鉄鋼と石油化学は，韓国の輸出を支える基幹産業としての地位を保ちながら，国際市場で競争力を維持しており，造船業も世界市場の受注に応じてその価値を証明している。

3．人口動態

　韓国統計庁が 2024 年 4 月に公表した「2040 年の人口展望」によると，定住外国人を含めた韓国の総人口は 2020 年の 5,184 万人から 2040 年には 5,019 万人に減少し，内国人人口は 2023 年に 5,000 万人を下回る見通しだ（表 3）。総人口に占める内国人のシェアは 2020 年の 96.7％から 2040 年には 95.7％に減少し，外国人シェアは 3.3％から 4.3％に増加する。移住外国人の増加によって，深刻な人口減の傾向が多少緩和されるといえる。

　内国人のうち，経済活動に参加する「生産年齢人口」は 2020 年の 3,583 万人から急減し，2035 年には 2,975 万人と 3,000 万人割れになり，さらに 2040 年には 2,676 万人に減少する。内国人人口に占める割合は 2020 年の 71.5％から 2040 年に 55.7％まで下がり，2040 年には働く人の割合が国民の半分近くになる見通しだ。

　一方，韓国の合計特殊出生率（1 人の女性が生涯に産む子供の推定数）は 2020 年の 0.84 から 2024 年に 0.70 に落ち込み，少子高齢化がさらに進展する見通しだ。急速な少子高齢化は，経済の活力低下につながり，労働力不足や年金制度の維持などの多方面での社会構造変化が引き起こされるとみられる。

［柴田　健］

アジア－韓国・北朝鮮 ②

朝鮮戦争はまだ終わっていない？

1. 朝鮮戦争の背景

　第二次世界大戦後，朝鮮半島の北半分がソ連，南半分がアメリカの軍事的支配下に落ちたことが要因となる。朝鮮戦争は第二次世界大戦後に独立し，その直後に分断国家（南北朝鮮，東西ドイツ，中国・台湾，南北ベトナム）となった大韓民国（韓国）と朝鮮民主主義人民共和国（北朝鮮）の間で1950年に勃発した，朝鮮半島の主権をめぐる国際紛争である。

　1991年のソ連崩壊を受けて公開された機密文書によると，1950年6月25日，ソ連のスターリンと中国の毛沢東の同意と支援を取り付けた金日成率いる北朝鮮が，事実上の国境線と化していた38度線を越えて韓国に侵略戦争を仕掛け，勃発した。分断国家朝鮮の両当事国，北朝鮮と韓国のみならず，東西冷戦の中で西側諸国を中心とした国連軍と東側諸国の支援を受ける中国人民志願軍が交戦勢力として参戦し，3年間に及ぶ戦争は朝鮮半島全土を戦場と化して荒廃させた。

　1953年7月27日，国連軍と中朝連合軍は朝鮮戦争休戦協定に署名し休戦に至ったが，北緯38度線付近の休戦時の前線が軍事境界線として認識され，南北2国の分断状態が続くこととなった。終戦ではなく休戦状態であるため，名目上は2020年代においても戦時中であり，南北朝鮮の両国間，および北朝鮮とアメリカなどの国連軍との間に平和条約は締結されていない。

2. 韓国と北朝鮮の関係史

　朝鮮半島は東西冷戦の先端地域だが，社会主義国家を続けている北朝鮮とは異なり，韓国は建国時の李承晩政権から1980年の全斗煥政権までは，軍事政権で開発独裁の国家であった（資料1）。そして日本でも保守政治家が，北朝鮮の経済力が韓国より高く，進んだ社会の国家だとの認識を示していた。韓国が民主主義国家となったのは1987年である。

　金大中とともに，その太陽政策の流れをくむ盧武鉉，文在寅の3人の大統領は，朝鮮戦争の終焉を目指して北朝鮮を訪問し，金正日，金正恩と会談している。

写真1　臨津江をわたる京義線の橋梁
（2019年11月筆者撮影）

写真2　京義線・臨津閣駅の駅名表示板
（2019年11月筆者撮影）

資料1　韓国の政治関連年表

大統領就任年	大統領	政治関連の出来事
1948年	李承晩	1948年4月，済州島四・三事件（韓国軍が島民3万人を虐殺）／7月，アメリカ主導の国連が第一共和国（制憲）憲法を制定／8月，大韓民国成立
1960年	尹潽善	1960年4月，李政権の不正選挙を糾弾する学生らのデモに警官隊が発砲，4月革命／6月，第二共和国憲法を制定
1963年	朴正熙	1961年，5・16軍事クーデター／1963年～1972年，第三共和国／1972年10月～1979年10月，第四共和国（維新体制とも呼ぶ）／1979年10月，朴正熙暗殺／1979年12月，全斗煥らによる粛軍クーデター／1970～1980年代の経済急成長は「漢江の奇跡」といわれた。
1980年	全斗煥	1980年5月，民主化を求める学生・市民のデモが全国に拡大，戒厳軍と衝突した（光州事件）／10月，第五共和国憲法制定
1988年	盧泰愚	1987年1月，ソウル大学校学生が警察での取調中に拷問で死亡／6月，学生拷問致死事件の糾弾と改憲を求める反政府デモ広がる／10月，大韓民国憲法（第六共和国憲法）制定，前文で韓国の国家体制を民主共和国と定義
1993年	金泳三	これ以降，文民政権
1997年	金大中	対北朝鮮へ太陽政策をとり，2000年6月，北朝鮮を訪問して金正日と初の南北首脳会談
2003年	盧武鉉	2007年10月，平壌を訪問して金正日と第2回南北首脳会談
2017年	文在寅	2018年4月，板門店で金正恩と第3回南北首脳会談，その後2回会談
2022年	尹錫悦	2024年12月14日，国会で弾劾訴追される

　2018年4月27日，板門店で大韓民国大統領・文在寅と北朝鮮朝鮮労働党委員長・金正恩との間で第3回南北首脳会談が開かれ，2018年中の終戦を目指す板門店宣言が発表されたが，実現には至らなかった。なお，北朝鮮は2024年8月，南北をつなぐ東西のルートである京義線と東海線の鉄路を撤去し，10月には2本の道路を爆破した。

　2024年12月3日，少数与党「国民の力」が提案する法案が国会で承認されないことや，北朝鮮が野党「共に民主党」などの背後で政治を支配していると信じ込む尹錫悦大統領は「非常戒厳」を命じたが，市民支援の下，国会議員が国会でその解除決議を可決した。そして2024年12月14日，大統領は国会で弾劾訴追された。

　韓国知識人は今も，1948年の独立時の「南朝鮮単独選挙」実施をめぐって，推進派の李承晩（初代大統領）と反対派の金九（1947年まで臨時政府主席，独立運動家で活動拠点は中国湖南省長沙，1949年に暗殺される）のいずれが正しかったかを議論している。背景に「朝鮮ナショナリズム」の分裂があるという。

［柴田　健］

アジア－東南アジア ①

ASEAN はなぜ設立されたのか？

1. ASEAN の設立

　東南アジア諸国が主導して東南アジアという枠組みの中で地域協力関係が初めてつくられたのは，1961 年に結成された東南アジア連合（ASA：Association of Southeast Asia）であった。これはマラヤ連邦（マレーシアの前身），フィリピン，タイで結成され，加盟国間の経済・社会・文化などの分野における相互協力を目的とし，政治・安全保障分野の協力は除外されていた。しかし ASA は，その後のマレーシア結成をめぐる加盟国間の対立で機能しなくなってしまった。マレーシアをめぐる紛争は，東南アジアの安定のためには地域の友好関係が欠かせないことを各国に印象づけ，当時非同盟の立場をとっていたインドネシアの参加を促すためにも，また，マレーシアから分離独立（1965 年）したシンガポールにとっても地域内での孤立を防ぐために，ASA ではない新たな機構の設立が目指された。こうして，ASA に代わり 1967 年マレーシア，フィリピン，タイ，シンガポール，インドネシアの 5 カ国で ASEAN 設立宣言（バンコク宣言）が調印され，「東南アジア諸国連合（ASEAN）」が新たに誕生した。

　ASEAN を設立した 5 カ国は，いずれも反共産主義の立場をとる国々であるが，ASEAN は最初から反共軍事同盟として結成されたわけではない。その後，東南アジアに社会主義政権がいくつも誕生したのは事実だが，ASEAN は地域内の友好関係の構築を目的としたことが重要である。それが社会主義のベトナムを含め，東南アジア 10 カ国が参加する組織にまで発展することができた要因であった。

2. "ASEAN Way"

　"ASEAN Way"（ASEAN 方式）とは，ASEAN における規範であり，その目的は加盟各国の主権を尊重することにある。加盟国の国内事情に踏み込まず，また，一国でも国益に反すると感じる国があれば，その分野では ASEAN としての協力を進めない，といったことである。すべての加盟国にとって，コストのかからない居心地の良い場にすることを目指し，主権平等，内政不干渉を原則とし，コンセンサス（全会一致）方式による意思決定が行われ，これが ASEAN の成功をもたらした要因の一つとされている。

　だが，近年 "ASEAN Way" の限界が指摘されるようになってきた。たとえばミャンマーは ASEAN の原則である民主主義，人権，法の支配を無視しているにもかかわらず，ASEAN は有効な対応策を取れていない。また，2022 年のプノンペンの首脳会議では，最近中国との接近を推し進めているカンボジアとラオスの反対により，中国が進出を目指す南シナ海に関する声明を出すことができなかった，ということも起きている。

　近年の世界情勢の影響で，人権や民主主義という理念を取り入れ，伝統的な "ASEAN Way" からの脱却を目指す設立当初の国々と，"ASEAN Way" を固守しようとする新たに参加した国々の間で対立がみられるようになってきたのである。

表1　中国とアメリカの影響力に関する ASEAN の認識調査（2024 年）

| | 中国の影響力 | | | | アメリカの影響力 | | | |
| | 経済面 | | 政治・戦略面 | | 経済面 | | 政治・戦略面 | |
	心配（%）	歓迎（%）	心配（%）	歓迎（%）	心配（%）	歓迎（%）	心配（%）	歓迎（%）
インドネシア	46.2	53.8	57.0	43.0	57.0	42.9	72.6	27.4
カンボジア	59.3	40.7	66.3	33.7	60.5	39.5	57.9	42.1
シンガポール	63.2	36.8	73.6	26.4	32.1	67.9	36.6	63.4
タイ	80.3	19.7	83.8	16.2	78.3	21.7	80.4	19.6
フィリピン	75.8	24.2	81.0	19.0	18.3	81.7	31.5	68.5
ブルネイ	49.0	51.0	58.1	41.9	16.7	83.3	73.3	26.7
ベトナム	87.7	12.3	95.7	4.3	33.3	66.7	45.2	54.8
マレーシア	48.0	52.0	56.3	43.8	47.6	52.4	67.9	32.1
ミャンマー	87.6	12.4	95.1	4.9	43.2	56.8	45.2	54.8
ラオス	77.4	22.6	68.0	32.0	92.3	7.7	79.2	20.8
ASEAN	67.4	32.6	73.5	26.5	48.0	52.0	59.0	41.0

出所：『The State of Asia：2024 Survey Report』より筆者作成。

3.　ASEAN と中国

　近年，中国は ASEAN に対して影響力を強めている。中国は 2000 年代初頭から順調な経済成長と軍事力・外交力の拡大を進め，国際舞台においてアメリカに並ぶ大国として成長してきた。海洋進出もその一環で，2009 年には南シナ海のほぼ全域（「九段線」あるいは「牛の舌」と呼ばれる海域）に対する中国の管轄権を強く主張するようになり，ベトナムやフィリピンなどと領有権をめぐる争いが生じ，中国の強大化を警戒するアメリカとの間にも緊張関係が生じている。一方で，ASEAN と中国は歴史的な関係も深く，経済的な結びつきも強い。中国は ASEAN がひとつにまとまり強大な力を持たないように分断政策をとり，ASEAN ではなく個別の国々に接近し，その結果カンボジアは「中国の代理」と見なされ，ラオスや国際的に孤立しているミャンマーに対しても援助を拡大している。

　表1は，ASEAN におけるアメリカと中国の影響力を調査したものである。中国からの援助を受け入れているカンボジア，ラオス，ミャンマー，そして同じ社会主義国であるベトナムでさえ，経済的または政治・戦略的に中国の影響力が増すことを警戒していることがわかる。中国は ASEAN 諸国に対し，分断，関与，懐柔，脅迫・強制の 4 つを使い分けて対応している。一方，タイなどアメリカの経済面や政治・戦略面の影響力を懸念している国もあることにも注意しなければならない。

　バンコク宣言で「外部の干渉から域内諸国の安定と安全を守る」とした ASEAN は，今後中国とアメリカに対し，どのように向き合っていくのかが問われることとなろう。

[宮嶋祐一]

[参考文献]

古田元夫（2021）『東南アジア史 10 講』岩波新書，pp.213-216，249-261.

黒柳米司・金子芳樹・吉野文雄・山田　満編著（2024）『ASEAN を知るための 50 章　第 2 版』明石書店，pp.230-243.

ASEAN Studies Centre（2024）*The State of Asia：2024 Survey Report*，pp.35-37.

アジアー東南アジア ②

インドネシアはなぜグローバルサウスの有力国となったか？

1. 存在感を増すグローバルサウス

　近年，グローバルサウスと呼ばれる地域や国々が存在感を強めている。だが，グローバルサウスは，1950 ～ 70 年代の「南北問題」，そして「第三世界」まで遡ることができる概念であり，当時は資本主義に基づき発展していた"ノース"すなわち先進資本主義国の国々に搾取され，政治・経済的に"遅れた地域"という認識が"サウス"であった。

　グローバルサウスの定義として，神保謙（2023）は 3 つあげている。1 つめは，先進国でないことである。経済協力開発機構（OECD）の援助対象国かどうかは，先進国か開発途上国かを判断する客観的指標となる。2 つめは，グローバルサウス諸国は，欧米の植民地主義や帝国主義の支配を受けた歴史的経験を共有する国々ということである。グローバルサウスとしてまとまろうという時に，反帝国主義的な要素を重視する傾向がある。3 つめは，国際社会で一つの極となるような大国ではないということである。グローバルサウスがリーダーシップを取るとか，いきなり何か国際的な公共財を提供するということはない。そのようなパワーダイナミックスとして行動するのとは違う台頭の仕方をするということである。

　世界の分断が進行していると言われる中で，グローバルサウスは多くの分野で中心となってルールを作成したり，リーダーシップを取るのとは違う形で影響力を増していたりする存在ということがポイントである。

2. グローバルサウスとして大国化を志向するインドネシア

　インドネシアでは，大統領任期は最長 10 年であり，ジョコ・ウィドド（ジョコウィ）大統領は 10 年の任期を全うして 2024 年 10 月で退任した。ジョコウィはグローバルサウスと一体化した外交を推進し，世界の分断が進む中で，アメリカを中心とする資本主義陣営にも中国やロシアを中心とする反米勢力にもつかない外交を目指した。これはグローバルサウス諸国と一体化した方針であり，非同盟と中立を唱えた 1955 年のバンドン会議と結びつく。ジョコウィは 2023 年のアフリカ諸国歴訪をはじめ，一連の外交活動でインドネシアの東南アジアにおけるグローバルサウスの代表としての地位を確立し，国際的な認知を得た。

　インドネシアは，現在でも十分に大国といえる状況である。人口は 2 億 7,753 万人（2023）で世界 4 位，イスラム教徒は人口の 86.7％で世界最大のイスラム教国である。何よりも 15 ～ 64 歳の生産年齢人口が全人口の 67.9％（2022）を占め，将来的に労働力の豊富さと市場規模の大きさが魅力である。

　インドネシアは，独立 100 周年にあたる 2045 年までに先進国になるという目標を掲げ，「2045 年のインドネシア黄金時代」というビジョンを明らかにした。推計によると，GDPは 2023 年に世界 16 位であったが，2030 年に 9 位に，2050 年には 7 兆 2,750 億ドルで中国，アメリカ，インドに続き 4 位となり，日本を追い抜くと推測されている。

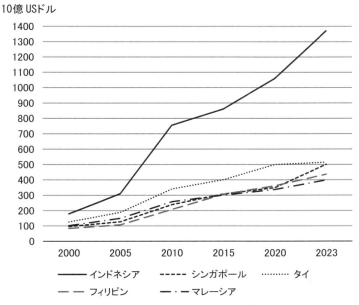

図1　ASEAN5カ国の名目GDPの推移
出所：IMF - World Economic Outlook Databases 2024年4月版より筆者作成.

3．「2045年のインドネシア黄金時代」

　「2045年のインドネシア黄金時代」は，①インフラ整備の推進と連結性の強化，②首都移転，③天然資源の川下化政策と工業化の3つで成り立っている。①は，物流促進，輸出拡大のために陸上と海上のインフラ整備，発電所開発の推進である。②は，首都ジャカルタの過密と地盤の沈下（ジャカルタの約4割が海抜高度が海面下）対策のため，人口の少ないカリマンタン（ボルネオ）島東部のヌサンタラへ，2045年の移転完成を目指している。ジャカルタのあるジャワ島は国土面積の約7％に過ぎないが，人口とGDPはそれぞれ約60％を占める過密状態であった。③は，未加工の天然資源の輸出を制限し，自国で加工して付加価値をつけて製品化して輸出することにより工業化の推進を目指すことで，パーム油，ニッケル，ボーキサイトなどを対象としている。ニッケルは，電池の製造さらにEVの生産まで視野に入る有望な資源である。これらの実現には，大規模な海外からの投資が必要であり，インドネシアは中国やアラブ首長国連邦（UAE）との関係を深めている。

　ジョコウィの外交は，米中対立に乗じて利益を得ようとするグローバルサウス的視点に立脚しており，グローバルサウスの代表という自認は，米中との等距離外交を正当化している。

［宮嶋祐一］

［参考文献］
神保　謙（2023）「グローバルサウスの概念とその歴史的発展・展望」安全保障研究，5巻4号，pp.1-10.
本名　純（2023）「大国化を志向するインドネシアはどこに向かうのか－グローバルサウス外交の国内政治インパクト－」安全保障研究，5巻4号，pp.41-47.

アジア―東南アジア ③

ロヒンギャの人々はなぜ迫害されているのか？

1. ロヒンギャとは

　2017年8月25日，ミャンマー西部のラカイン州で，武装勢力が警察と国軍の施設を襲撃した。これに対し国軍は，武装勢力に対する掃討作戦を開始し，ラカイン州北部で戦闘が続き，同年末にかけて約70万人の難民がラカイン州と接するバングラデシュに逃れた。わずか4カ月の間にこれほどの数の難民が発生した事例は，近年のアジアではなかった。難民のほとんどはロヒンギャだった。

　では，ロヒンギャとはどのような人々か。ロヒンギャは，おもにラカイン州北部に住むイスラム教徒の人々で，人口は約100万人。特に問題となっているのは，仏教徒が全人口の9割弱を占めるミャンマーにおいて彼らは少数派であり，ロヒンギャの多くは無国籍者であるということだ。ミャンマー政府は，長い間ロヒンギャの多くをバングラデシュからの不法入国者とみなし，一方でバングラデシュ政府は，ロヒンギャをミャンマー国民だと主張してきた。両国のはざまで彼らは無国籍状態を余儀なくされてきたのであった。

　これまでもロヒンギャ難民の，ミャンマーからの流出は繰り返されてきたが，2017年の流出は過去最大規模のもので，バングラデシュ南東部の県であるコックスバザールでは，以前からの難民を含め約100万人がキャンプで生活している。難民を生んだ武力衝突の真相はいまだに明らかになっていないが，国軍が武装勢力や民間人に対して相当な規模の残虐行為を行った可能性が高く，2019年に西アフリカのガンビア政府は国際司法裁判所に，ジェノサイド条約違反を理由にミャンマー政府を提訴した。国際司法裁判所は，ロヒンギャへのあらゆるジェノサイド行為防止を命じる判決を2020年1月23日に出した。

2. アウンサンスーチーの行動

　2017年の戦闘時，実質的にミャンマーの政権を担っていたのがアウンサンスーチーであった。スーチーは，1989年から軍事政権により自宅軟禁状態にあったが，軍事政権に対する非暴力的な抵抗を理由に，1991年にはノーベル平和賞を受賞し，人権と民主主義

表1　ミャンマーとラカイン州の民族構成

ミャンマー（2014年）		ラカイン州（2017年の危機発生以前）	
民族	割合（％）	民族	割合（％）
ビルマ人	68	ラカイン人	64.6
シャン人	9	ロヒンギャ	31.0
カレン人	7	チン人	3.2
ラカイン人	4	ビルマ人	0.5
中国人	3	その他	0.7
インド人	2		
モン族	2		
その他	5		

出所：*The World Factbook*（CIA, 2024）および中西（2021）より筆者作成。

の象徴的存在であった。しかし，彼女は国軍のジェノサイド疑惑について否定を繰り返し，その結果ロヒンギャ危機に十分に対応していないとして，彼女の国際的評価は急激に低下してしまった。彼女は国際司法裁判所の法廷で，国軍のジェノサイドの意図については仮説に過ぎないと否定し，本質はラカイン州での暴力的な紛争であり，そこで人権侵害があったとすれば，国際人道法や戦争犯罪として罪を問われるべきだと述べ，ジェノサイド条約違反ではないと主張した。さらに国軍も特別な調査部門を設置して国内での捜査や司法手続きを進めており，本件はあくまで国内問題であって国際司法機関が介入すべきではないと述べた。

スーチーがジェノサイド条約違反を否定していることは確かに間違いない。ただし，彼女が否定したのは国際法上のジェノサイドであって，国軍による残虐行為の否定ではない。大量殺戮をはじめとした国軍による戦争犯罪があったことは認める発言もしている。

3．なぜロヒンギャ難民の帰還は進まないのか

ロヒンギャ難民の帰還については，ミャンマー政府とバングラデシュ政府の間で帰還プロセスについて合意があり，国連機関による帰還プロセスへの関与についても覚書が結ばれている。それでも帰還が進まない理由として，まず国籍問題がある。ロヒンギャの人々は難民になる以前は無国籍だったため，ミャンマーに帰還しただけでは国籍を取得できない。UNHCR（国連難民高等弁務官事務所）も，国籍取得への筋道を示すことを提言しているが機能していない。さらに，ミャンマーの国籍法では，土着民族と認定されないとベンガル系などの「帰化国民」とされて権利が制限されてしまうが，土着民族としての認定はさらに困難である。

次に，帰還後の支援への不安がある。ミャンマー政府は，帰還者用の住宅整備などラカイン州北部の復興を進めているが，破壊行為などの十分な調査もしないまま復興作業を進めており，軍事作戦の証拠隠滅やロヒンギャの土地所有権の侵害疑惑なども指摘されている。さらに治安の悪化がある。ラカイン州では現在も国軍とアラカン軍（反軍事政権を唱える武装組織）との戦闘が続き，2024年にはラカイン州など北西部から国軍を追い出したと言われている。ところが，アラカン軍もロヒンギャを迫害しているのである。

最後に，ロヒンギャとミャンマー政府・仏教徒との相互不信がある。ラカイン州で最大の民族であるラカイン人は仏教徒であり，長年にわたりロヒンギャを迫害してきたため，両者の対立と不信は根深い。また数度の紛争により両者の接触が減り，コミュニティが分断してしまったケースも多い。対立と不信が続き，帰還を決断できない難民たちがいるのが現状である。

［宮嶋祐一］

［参考文献］
中西嘉宏（2021）『ロヒンギャ危機－「民族浄化」の真相－』中公新書.

アジア―南アジア ①

人口が世界一となったインドの現状は？

1. インドが中国を抜いて人口世界一に

　国連推計では，2023年4月末までにインドの人口は14億2,577万人となり，中国を抜いて世界一となった。中国は2022年に人口が減少に転じたのに対して，インドは2060年代前半まで人口は増加し続けると予測されている。

　2023年時点で，インド人の平均年齢は約28歳。それに対して日本はおよそ48歳であり，インドの若さが際立つ。インドは生産年齢人口（15歳から64歳の年代）の割合も大きく，経済を押し上げる「人口ボーナス」期（生産年齢人口が非生産年齢人口の2倍以上となる期間）を迎えている。

　1990年代から経済の自由化を推し進めたインドは世界各国からの投資を誘致し，ICT分野のサービス業を飛躍的に成長させてきた。2014年に就任したナレンドラ＝モディ首相は，製造業振興キャンペーンである「メイク・イン・インディア」を掲げ，独立100周年の2047年に先進国入りを目指すと宣言している。

　インドでは，富裕層や中所得者層が増えたことで，自動車販売台数は2022年に日本を抜いて世界3位になった。そして同年の名目国内総生産（GDP）は，かつての宗主国のイギリスを抜き世界5位となった。2020年代後半には，日本も抜いて世界3位になるという予測もある。インド人の海外進出は多く，グーグルやマイクロソフト，スターバックスなど，世界有数の企業の最高経営責任者（CEO）にインド出身者が就任することも多くなっている。

　一方，国際NGOオックスフォードは2023年調査で「人口の1％がインドの富の約4割を保有している」とするなど国内の格差はきわめて大きく，世界銀行によるとインドの国内貧困率は11％（2022年）と高い。IMF調査でも2023年の1人当たりのGDPは約2,500ドルで，国別順位では142位の低さである。

2. ヒンドゥー至上主義とカースト制度

　モディ首相はインド西部のグジャラート州の小さな村の貧しい家庭に生まれた。ヒンドゥー教への深い信心があり，学生時代からヒンドゥー至上主義団体の活動をしながら政治家を目指した。出身地のグジャラート州議会議員から，2001年にグジャラート州の首相に就任したあとは，インフラ整備を飛躍的に進め，経済特区をつくって外資系企業を誘致することで注目を集め，2014年にはインド首相に選出された。

　国民的人気の高いモディ首相であるが，ヒンドゥー教を重視する一方で，イスラム教徒など宗教的マイノリティを敵視する。ヒンドゥー教徒が約80％を占めるインドだが，14％あまりがイスラム教徒で約2億人が暮らし，住民の大半がイスラム教徒という地区もある。また，野党指導者の拘束や政府に都合の悪い情報の規制，強権的な姿勢に対する批判もあり，カースト制における差別や女性への暴力も依然根強く残っている。

　カースト制は，古代から伝わる「ヴァルナ」という身分の階層と「ジャーティ」という

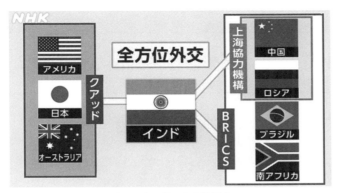

図1 インドの全方位外交
出所：大学生とつくる就活応援ニュースゼミ「全方位外交」NHK，2023年10月11日．

職業的な集団が結びついた社会制度で，ジャーティは長い年月をかけて世襲的な職業と結びつき，ジャーティ間の上下関係がつくられた。ヴァルナには上位カーストのバラモン，クシャトリア，ヴァイシャと下位カーストのシュードラがあるが，これら4階級に含まれず，さらに下で差別されている「指定カースト（ダリット）」の人たちがいる。

インド憲法では，カーストに伴う差別を禁止しているが，カースト制度の存在そのものは否定していない。その一方，教育機関への入学，雇用や昇進，議席配分において「留保制度」が適用され，弱い立場の低いカーストに優先的に採用される定員枠を設けている。この制度をめぐっては暴動や対立も起きているが，上位カーストに独占されていた社会的機会が，最下層を含む多くの人たちに享受されるようになっている。

3．非同盟から多連携の外交へ

独立後のインドは，どこの国とも同盟を結ばない非同盟の姿勢であったが，現在のモディ政権はどこの国とも連携する全方位外交の方針をとっている。日本・米国・豪州とのクアッド（QUAD）の一員でありながら，中国とロシア主導の上海協力機構や中国やロシアが加盟するBRICSなど，ウクライナ侵攻でロシアへの制裁を強める欧米などへの対抗姿勢を強める国とも連携する（図1）。BRICSには，2024年1月に新たにイラン・エジプト・アラブ首長国連邦・エチオピアが正式加盟し，現在も加盟申請する国が多い。

日・米・欧と中・ロの対立する構図が指摘され，G7（主要7カ国首脳会議）の国際社会での影響力が相対的に低下する中で，多くの国がインドとの関係を深めようとしている。2023年5月に広島で開催されたG7サミットでもインドが招待されている。

インドはグローバルサウスと呼ばれるアフリカやアジアなどの新興国や途上国との連携を強化し，そのリーダーとしての位置を最大限に生かそうとしている。

［吉本健一］

［参考文献］
近藤正規（2023）『インド－グローバル・サウスの超大国－』中央公論新社，pp.42-51.
池上　彰（2020）『池上彰の世界の見方　インド－混沌と発展のはざまで－』小学館，pp.130-136，164-176.

アジアー南アジア ②

インドのICT産業はどのように発展したのか？

1. インドのICT産業

　インドは1947年の独立後，初代首相ジャワハルラール・ネルーのリーダーシップのもと，科学者・エンジニア育成の国家プロジェクトを立ち上げ，インフラ整備やものづくりの人材を育てる方針を打ち出した。1951年にはアメリカのマサチューセッツ工科大学（MIT）をモデルにしたインド工科大学（IIT）第1校のカラグプル校を西ベンガル州に開設した。インド工科大学は現在，全国に23キャンパスを持つ理数系の名門大学として知られるが，その中には2008年に日本政府の肝入りで創設されたハイデラバード校も含まれる。ここは日本の外務省や国際協力機構（JICA）から技術や財政支援を受けて設立され，日本からも多くの教授などが出向して教鞭を取っている。

　インド工科大学では，入学にあたって指定カーストなどへの優先枠（留保枠）が設けられている。インドではICTが新しい職業のためジャーティがなく，低位カーストの若者にとってITTに入ってICT企業をめざすことは，社会的地位を上昇させ，高収入を得ることにつながる。

　インドのICT産業は，顧客向けのソフトウェア開発や保守作業（メンテナンス）を主体とし，また，あらゆるバックオフィス業務（後方支援業務）の委託を請け負っている。たとえば，欧米の銀行の顧客取引データはインドで処理されており，欧米企業の消費者向けのコールセンターは24時間体制でインドにつながれて，インド人スタッフが英語で対応している。インドでは英語が準公用語であり，アメリカ企業においては，インドとの昼夜逆転の時差を利用して英語で仕事の依頼ができる上，人件費も安いというメリットがある。日本でもインドの高度専門職人材に目を向ける企業が多いが，日本語ができる人材を採用しようとする傾向が強いため，人材獲得は難しいとされている。

　インドは海外のICT企業に向けて大量の人材を供給する一方，インド国内でもICT関連の起業が相次いでいる。企業価値10億円以上で株式市場に上場していないベンチャー企業はユニコーン企業と呼ばれるが，その数は急増しており，日本の企業が投資したり，共同でビジネスをおこなう動きも出ている。

　インドのICT企業の多くは，バンガロール（ベンガルール）に本社を置いている。バンガロールは「インドのシリコンバレー」と呼ばれており，デカン高原の南に位置して1年を通じて気候が温暖である。

2. インドの数学

　インドは「ゼロ」の概念を生み出した国で，2桁の掛け算を暗算するなど，数学に強いというイメージを持つ人が多い。インド数学には独自の数学体系であるヴェーダ数学がある。ヴェーダ数学はインドの古代数学のシステムで，暗算や計算の簡略化に特化した方法がインド数学の特徴とされている。このインド式計算法は，計算しやすい形に分解して効率よく答えを導く考え方に基づく計算法である（図1）。

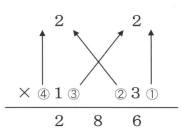

図1 インド式計算法の一例（2桁×2桁）

3. 日本のリトルインディア

日本にもインド人のICT技術者が多く住む町がある。東京都江戸川区では西葛西を中心に、日本に住むインド人1万7,537人のうち6,881人が暮らしている（2024年1月1日現在）。コンピュータの2000年問題（コンピューターが西暦の年表示を下2桁にしていたことで、2000年になった瞬間に誤作動が生じると危惧された）の影響で、日本政府はインド人エンジニア向けの就労ビザ発給を緩和し、ソフトウェア開発のために多くのインド人が日本にやって来ることになった。

写真1 西葛西での交流イベント
（2024年10月筆者撮影）

西葛西駅のある東京メトロ東西線は、金融機関の多い大手町や、東京証券取引所や証券会社の本社がある日本橋・茅場町とつながり、交通の利便性が良い。また、大規模な埋め立て地に新興のベッドタウンが整備され、国籍を問わずに入居できて礼金も必要がないUR賃貸住宅も多数ある。また、都心に比べて家賃も安く、古くからの地域のしがらみも少ない。

日本に居住するインド人ICT技術者は、半年から2～3年の滞在で帰国する者が多い。そのため、インド人の子どもの多くはインド人のインターナショナルスクールに通っている。授業は英語で行われ、数学の授業も現地と同じカリキュラムで進められている。ここでは、幼稚園の4歳半から2の段や5の段の掛け算を始め、日本の小学校1年次には割り算、小学校2年次では3桁同士の掛け算も教えられている。そのため、インド式教育で学ぼうと、このインターナショナルスクールに入学してくる日本の子どもも多い。

［吉本健一］

［参考文献］
山本博司（2016）『インド人の「力」』講談社現代新書.
宮本久義・小西公大（2021）『インドを旅する55章』明石書店.

アジア－南アジア ③

「世界の縫製工場」バングラデシュのアパレル産業の実態は？

1. 世界の縫製工場となったバングラデシュ

　バングラデシュはベンガル語で「ベンガル人の国（バングラ＋デシュ）」を意味し，日本の約5分の2の国土面積に1億7,119万人（2022年現在）の人々が暮らしている。

　現在，輸出額に占める縫製品（ニットを含む）の割合は86.5％（2023年度）である。衣料品の世界輸出シェアでバングラデシュは中国に次ぐ2位であるが，1980年代半ばまではジュート製品に依存するモノカルチャー経済であった。しかし，1979年に韓国企業の大宇（デーウ）が輸出向けの縫製事業をバングラデシュで開始したことで，状況は大きく変わり始める。外国企業にとってバングラデシュの大きな魅力は，格段に人件費が安いことと，10代から20代の若い労働力が多いことであった。バングラデシュ政府も輸出産業の振興を促進し，縫製産業に対して法人税や関税の優遇政策を導入したこともあり，国内での縫製工場は一気に増加していくことになった。

　バングラデシュは19世紀頃まで綿製品の生産地で，首都ダッカで織られた綿布やダッカ・モスリンは高級織物として海外に輸出されていた。また，女性たちは伝統的に「カンタ」と呼ばれる刺し子をつくる慣習があり，手先が器用であるという基盤があった。

　しかし，縫製工場の経営者は，劣悪な労働条件と職場環境を改善することなく，納期が間に合うように日常的に長時間労働を強いることや残業代の未払いが数多くあった。

　2013年4月24日の8時45分，操業開始後すぐ，ダッカ郊外にある5つの縫製工場が入る8階建てのラナ・プラザビルが突然崩壊した。ビルは崩壊の危険が指摘されていたにもかかわらず，工場側は操業を強行しており，死者数は1,137人にも及んだ。崩落した建物の中から欧米の大手アパレル企業のタグが見つかったことで，世界的に知られるアパレルメーカーに対しても責任が問われることになった。

2. 安価な衣類がつくられる理由

　迅速な生産サイクルを持つ大手衣料品メーカーによる低価格のファッションアイテムは，ファストファッションとよばれる。流行の速いファッション市場で素早く新しい商品を提供することで急速に成長してきた。欧米のH&M，GAP，ZARA，そして日本のユニクロやGUなどがファストファッションブランドとして知られる。

　ファストファッションが安い理由として，企画・生産・販売まで一貫して自社で完結させるシステム（SPA：製造卸小売業）を採用していることがある。このシステムによって，自社でデザインしたものを自社の工場で生産しすぐに販売店に並べることで，物流コストを下げるとともに，トレンドを予測して

表1　製造業・作業員の基本月給（平均値）

国名	2013年（ドル）	2023年（ドル）
ミャンマー	71	112
バングラデシュ	86	114
ラオス	137	129
カンボジア	101	257
フィリピン	248	271
ベトナム	162	273
インドネシア	234	377
タイ	366	410
マレーシア	429	451
中国	375	576

出所：JETRO『地域・分析レポート』2024.

表 2　日本の繊維製品主要国別輸入の推移（全体のシェア）

（単位：％）

国名	2014 年	2016 年	2018 年	2020 年	2022 年	2023 年
中国	68.2	62.6	58.6	59.8	56.3	53.0
ベトナム	8.2	10.7	12.8	13.7	14.4	15.6
バングラデシュ	1.8	2.7	3.2	3.0	4.0	4.0
インドネシア	3.7	4.1	4.3	3.5	3.6	3.8
ミャンマー	1.5	1.9	2.4	2.7	3.1	3.8
カンボジア	1.2	2.4	2.9	3.0	3.5	3.6
イタリア	2.7	2.8	2.9	2.4	2.7	3.5
タイ	2.2	2.5	2.4	2.2	2.3	2.3
インド	1.2	1.2	1.2	1.0	1.2	1.2

出所：財務省貿易統計（金額ベースによる上位 9 カ国）

戦略的に生産・販売することが可能になった。そして，労働賃金が安い新興国に縫製工場をつくり，現地の若い女性従業員を使って，低価格の衣服を大量に生産している。

　バングラデシュなどで生産されるジーンズは，1 人の工員が 1 工程を担当するため，ジーンズの完成までには 60 を超える工程が必要で，多くの人手が必要になる。日本において 1 着 990 円で売られているジーンズは，こうした現地の労働者の安価な基本給（表 1）によってその低価格が実現している。

　一方，日本では 2022 年の 1 年間に 79.8 万トンの衣服が新たに出回ったが，その約 9 割の 73.1 万トンは家庭や事業所から使用後に手放されると推計されている。このうち，リサイクルされる量は 12.7 万トン，リユースされる量は 13.3 万トンだけで，全体の 64.3％ を占める 47 万トンは廃棄されている。

3.　エシカルファッションとＳＤＧｓ

　エシカルファッションとは，「環境を破壊しない」，「労働者から搾取しない」といったエシカル（倫理的な）消費の考え方に配慮して生産されたファッションの総称である。そこでは，安価で使い捨て型のファストファッションを改め，ファッションの持続可能な開発を促進するため，環境に負荷をかけない素材の使用と開発をめざす。また，生産する労働者の賃金・権利・労働環境を守り，持続可能な生活を支える。その他にも，原材料の生産・縫製・輸送などの過程を対象にリサイクルや省エネの実践を求めている。

　また，衣類の廃棄を SDGs の観点でみると，まず目標 12「つくる責任，つかう責任」から，2030 年までに廃棄物の発生を予防，削減，再生利用や再利用により廃棄を大幅に減らすことが求められる。また，目標 8「働きがいも経済成長も」に関して，すべての労働者の権利を保護し，安全で安心な労働環境を整備することも重要である。

［吉本健一］

［参考文献］

長田華子（2016）『990 円のジーンズがつくられるのはなぜ？　ファストファッションの工場でおこっていること』合同出版，pp.72-81.

大橋正明・村山真弓・日下部尚徳・安達淳哉（2017）『バングラデシュを知るための 66 章　第 3 版』明石書店，pp.180-185

アジア―西アジア①

イスラームにとってジハード（聖戦）とは？

1. イスラーム過激派のテロとジハード（聖戦）

　2015 年から 2017 年にかけて，フランスやベルギー，イギリスなどの西ヨーロッパの国々と，トルコやイラク，バングラデシュなどの西・南アジアの国々で，イスラム過激派によるテロが多発した。2015 年 11 月 13 日に起きたパリ同時多発テロ事件では，中心部の劇場や飲食店，郊外の国立競技場近くなど 6 カ所でほぼ同時に銃乱射や爆発が起き，約 130 人が死亡，400 人以上が負傷した。フランス政府はイスラム国（IS）のテロと断定した。実行犯 9 人の一部はシリアから帰国した IS の戦闘員で，フランス軍によるシリア空爆への報復を目的としたイスラーム過激派の「ジハード（聖戦）」だと報じたマスコミも多かった。

　ジハードの本来の語義は「努力すること」である。ムスリムにとってのジハードとは襲い来る「抵抗」に対する努力であり，その対象は，①悪魔の誘惑，②自己の欲望，③イスラーム共同体の防衛に分類される。ムスリムにとってもっとも重要なのは，日常的な①と②のジハードであり，アッラーにより示された「正しい信仰」の道を歩む内面的な営為への努力が求められる。それに対して③は，異教徒からイスラーム共同体を自衛するための戦いに限定されており，その行為や手続きはイスラム法によって厳格かつ詳細に定められているため，簡単にジハードを実行することはできない。

2. イスラム教は神と個人が直接つながる宗教

　イスラーム過激派によるテロ事件に象徴されるように，イスラム教は好戦的で排他的な宗教であると理解されることが多い。加えて，イスラム教は，預言者ムハンマドが唯一神アッラーから受けた啓示をまとめた「クルアーン（コーラン）」とムハンマドの言行録である「ハーディス」に従うことを求めている。具体的には「六信五行」を実践することである。六信とは神，天使，啓典，預言者，来世，天命を信じること，五行とは「アッラーの他に神はない。ムハンマドはアッラーの使徒である」という言葉での信仰告白，メッカに向けた礼拝，ラマダン月の断食，貧しい人への喜捨，メッカへの巡礼である。こうした六信五行が存在するため，イスラム教は厳格な戒律の宗教であるという印象も強い。

　しかし，イスラム教の信仰の本質は，クルアーンやハーディスが示す規範や義務を遵守することにあるのではなく，一人ひとりの心の中に信仰心を保つことにある。つまり，イスラム教では，心の中で神の存在を真実として承認することによって信仰が成立する。たとえ罪を犯したとしても信仰は消えない。たとえば，1 日 5 回の礼拝が 4 回しかできなかったとしても罰せられないし，2 回分の礼拝を一度に行うこともできる。

　イスタンブールの街角の女性の服装を見てみよう（写真 1）。じつにさまざまな服装をした女性を見かける。クルアーンは貞節な女性たちにヒジャーブ（スカーフ）を身につけることを求めている。正式には手，顔，足元を除くすべての身体の部位を，透けて見えないゆったりした衣服で完全に覆うことになっている。しかし，彼女らのヒジャーブのスタイルや色・デザインはじつにさまざまである。単に髪を覆っただけの人もいれば，目以外の部位

写真1　イスタンブールの街角で（いずれも2024年筆者撮影）

をすべて覆っている人もいる。イスラム教では，身につけないという判断まで含めて，どのようなヒジャーブを身につけるのか，個人に委ねられている。

このように，イスラム教は個人が心の中で神と向き合うことによってさまざまな行為を自己決定できる「ゆるい宗教」なのである（ただし，政教分離の世俗国家を徹底するトルコと，厳格な信仰実践を求めるサウジアラビアでは，社会的規範や社会的圧力が異なることには注意しなければならない）。一方で，他人の信仰に対して干渉することは許されない。信仰とはあくまでも個人の心の中の問題なのである。

3. グローバル・ジハードの新たな展開

ISの支配地域には世界中から外国人戦闘員が流入しているといわれている。とりわけ，フランスやドイツ，イギリスなどからは，中東地域にルーツをもつ多くの移民の若者がIS戦士に身を投じている。なぜ彼らはIS戦士になったのか？　その一番の要因は，9.11アメリカ同時多発テロ（2001年）以降，ヨーロッパ各国が従来の移民や難民に対する社会統合や多文化主義といった政策を大きく転換させ，「不寛容」へと舵を切ったことによる。その結果，ヨーロッパで生まれたムスリムの若者たちは，さまざまな差別や不利益を被ることになり，排除される者として「自分とは何者なのか」という深刻な問いと向き合わざるを得なくなったという（内藤，2020）。その中で彼らが見出したのが，ムスリムとしての信仰への「再覚醒」（内藤）であった。

2011年，アルカイダのオサマ・ビンラディンをアメリカ軍が殺害して以降，イスラム過激派の中枢組織の多くは壊滅的な状況にある。しかし，その後もテロは続いている。その中心を担っているのは，インターネットを通じて結びついた非集権的な個人である。2020年，パリ西郊で，中学教師が授業でムハンマドの風刺画を生徒に見せたことに対する報復として，チェチェン出身のロシア人難民の男に首を切られて殺害された。犯人はムスリムであった生徒の父がネットに投稿した動画を見て犯行に及んだという。このように，イスラム過激思想はSNSなどを通じて世界各地に拡散し，「再覚醒」した若者が個別にジハードを決行するという新たな非集権的グローバル・ジハードのフェーズに入っている。

［竹内裕一］

［参考文献］
内藤正典（2020）『イスラームからヨーロッパをみる』岩波新書.
松山洋平（2017）『イスラーム思想を読みとく』ちくま新書.

アジア―西アジア ②

ペルシャ湾岸で石油がたくさん採れる理由は？

1. ペルシャ湾岸の油田

　石油とは，地下に埋積されている液体状の炭化水素資源（化石燃料）のことである。一般に珪藻類やプランクトンなどの生物の遺骸は，浅い海の底に土砂とともに堆積し，圧縮されて砂岩や泥岩となる。生物の遺骸は，圧力を受け岩石化する過程で「ケロジェン」と呼ばれる有機化合物に生成され，地熱の影響を受けて石油・天然ガス・水に変化する。石油は水より軽いため上昇し，お椀を伏せたような不透水性の岩石層にぶつかると閉じ込められて石油鉱床ができ，その上方には石油より軽い天然ガスが溜まる。

　ペルシャ湾岸地域は，古生代（約5億4,200万年前～約2億5,100万年前）から中生代（約2億5,100万年前～約6,600万年前）にかけて比較的浅い海が広がっており，生物の遺骸が多く堆積していた。加えて，アラビア半島北部地域は，プレートがぶつかり合う，いわゆる「狭まる境界」であったため，中生代の造山運動によりアラビアプレートが北東に移動し，ユーラシアプレートとぶつかって沈み込み，褶曲構造の地層が多く形成された。地下深くの地層で熟成された石油は徐々に上方へと移動し，背斜構造をもつ不透水性の岩石層内に閉じ込められ，現在のような油田の分布となっていった。

2. ペルシャ湾岸における油田開発の歴史

　ペルシャ湾岸地域における油田開発は，1908年にペルシャ政府（当時）から石油利権を獲得したイギリス人技師が大規模油田を発見したことに始まる（表1）。20世紀初頭，石炭から石油へとエネルギー源の転換が始まると，中東地域に埋蔵されている石油に目をつけた欧米の石油資本は，現地の有力支配層に接近し，採掘権を手に入れた。たとえばバーレーンでは，アメリカのガルフ石油とスタンダード石油が油田開発を進め，1932年に商業生産が可能になった。その後，本格的なエネルギー革命が展開する1960年代にかけて相次いで大規模な油田が開発され，湾岸地域は世界最大の石油供給基地となった。

　湾岸地域における油田開発を担っていたのは，欧米の巨大石油資本（メジャー）であっ

表1　中東地域における主要産油国の石油生産

	年間生産量[*1] （千バレル，%）	石油発見年[*2]	輸出開始年	可採埋蔵量[*3] （10億バレル）	可採年数
サウジアラビア	12,136 （12.9）	1938	1938	297.5	73.6
イラン	3,822 （4.1）	1908	1912	157.8	139.8
イラク	4,520 （4.8）	1927	1934	145.0	96.3
アラブ首長国連邦	4,020 （4.3）	1958	1962	97.8	73.1
クウェート	3,028 （3.2）	1938	1946	101.5	103.2
カタール	1,768 （1.9）	1939	1949	25.2	38.1
オマーン	1,064 （1.1）	1962	1967	5.4	15.4
世界	93,848 （100）			1,732.4	

[*1]：2022年，[*2]：商業規模の油井，[*3]：存在が確認され経済的に採算がとれるもの（2020年末現在）
出所：日本エネルギー研究所（2024）『EDMC/エネルギー経済統計要覧　2024年版』理工図書，末近・松尾（2024）などから作成。

た。メジャーは油田の開発から生産，価格決定，流通に至るまで，すべてを独占していたため，産油国の不満は高まっていった。当初は採掘権料の引き上げや利益配分を要求する程度であったが，1951年のイランにおける油田国有化にみられるように，次第にメジャーに正面から対抗する資源ナショナリズムが高揚していった。1960年には湾岸地域の産油国を中心に石油輸出国機構（OPEC）が設立され，さらに1962年の国連総会で「天然資源の恒久主権」が決議されたことにより，産油国の立場は一層強化された。

3. 湾岸産油国の経済発展と国家建設

現在，北アフリカを含む中東地域の石油産出量は，世界の約35％，埋蔵量は約52％にも及んでいる（2020年）。加えて，第1次（1973年）・第2次（1979年）石油危機を経て，原油価格は約10倍以上にも跳ね上がった。その結果，湾岸産油国は居ながらにして莫大な石油収入を得ることができ，農業や工業などの産業に頼らずとも成り立つ財政構造を有するようになった。

一方，湾岸産油国の政治体制は，権威主義的な世襲による君主制をとる国がほとんどである。君主たちは，君主制を維持するために，国民に対してその見返りとして水道，道路，住宅などのインフラを整備し，教育，医療，公共サービスなどの分野で石油収入の再配分政策を拡充していった。たとえば，1人あたりGDPが世界5位（2022年）のカタールの場合，国民の約80％が公務員として働いている。そのため，国内労働力は外国人労働者に大きく依存している。国民に所得税はかからず，医療費や電気代，電話代が無料である。大学を卒業すると一定の土地を無償で借りることができ，10年後には個人に譲渡されることになっている。

4. 経済多角化を目指して

湾岸産油国のように特定の資源収入のみに依存する経済は，輸入が拡大して国内産業が育たないだけでなく，国民の政府に対する過剰な依存体質を生む。その結果，1980年代後半に石油価格の大幅な下落に見舞われたとき，各国は石油依存体質からの早急な脱却を迫られた。そこで講じられたのが，貿易の自由化，産業の多角化，民間部門の育成といった経済構造改革であった。具体的には国営企業の民営化，外資企業の誘致，民間資本を活用した金融，ICT，物流・運輸，観光，スポーツなどの新規分野への積極的な投資である。

カタールの場合，2008年に国家運営戦略として，①天然資源の金融資産への転換，②産業構造の多角化，③民間企業の育成，④高付加価値産業の育成などの経済開発基本理念を掲げ，石油依存の経済構造からの脱却を目指した。2022年サッカー・ワールドカップなどのスポーツイベント誘致やホテル，コンベンションセンターなどの観光施設の充実，インフラ建設，カタール・フィナンシャル・センター（2005年開設）による金融保険業の成長など，徐々にその成果が現れてきている。

［竹内裕一］

［参考文献］
水野一晴（2021）『自然のしくみがわかる地理学入門』角川ソフィア文庫.
末近浩太・松尾昌樹編（2024）『中東を学ぶ人のために』世界思想社.

アフリカ①

世界遺産「タッシリ・ナジェール」からわかるアフリカ大陸の環境変化とは？

1. タッシリ・ナジェールの岩絵が語るもの

　タッシリ・ナジェールはアルジェリアの南東部に位置する山岳地帯である。サハラ砂漠のほぼ中央部にあたり、赤茶けた不毛の大地が広がる。周辺では1万5,000にも及ぶ岩絵が発見されている。その岩絵には大型哺乳類だけではなく、狩猟などの様子も描かれており、約8,000年から3,500年前頃にかけてのものと言われている。このような岩絵はリビア南西部のタドラルト・アカクスやチャド北部のティベスティなど各地で発見されている。

　この地域はサハラ砂漠の中心で、現在は大型哺乳類は棲息せず人間の居住も困難な「不毛の大地」であるが、岩絵からは、かつては水が豊かで多くの大型哺乳類と狩人が行き交う「緑の大地」であったことが推察される。タッシリ・ナジェールという地名は、トゥアレグ語で「水が多い台地」を意味しているといわれる。

2. サハラ砂漠の誕生

　現在のサハラは大気の下降域の亜熱帯高圧帯に位置しており、巨大な乾燥地帯が形成されている。しかし、昔から亜熱帯高圧帯にあり続けていたわけではない。アフリカ大陸は、かつては南半球に位置していた。現在のサハラに相当する地域は、氷床に覆われていた時期があり、氷河の痕跡はサハラの各地で発見されている。その後アフリカ大陸はプレート移動により北上して、約4,000万年前に現在の位置に到達したとされている。「乾燥帯ベルト」とも呼ばれる亜熱帯高圧帯のもとで、サハラの砂漠としての歴史が始まった。

　乾燥地帯は約1万8,000年前の最終氷期に大きく拡大し、砂漠は現在のサヘル地域（サハラ南縁）にまで達した。赤道周辺は現在のような熱帯雨林ではなく、サバンナが広がっていた（図1）。

3. 「緑のサハラ」の時代

　1万年ほど前からの温暖化によって最終氷期は終わり、サハラには湿潤な時代が訪れた。9,000年前頃には降水量が増加して、周辺の河川の流量は増えて、各地に湖沼が見られるようになった。湖沼の中でも、チャド湖は40m以上水位が上昇して、カスピ海に匹敵するような湖となった。湿潤期を迎えたサハラでは、各地に樹林やサバンナが広がった。そのような環境のもとでゾウ、キリン、カバ、ワニなどの大型哺乳類が棲息することとなった。これが、豊かな水のもとで植物に覆われた「緑のサハラ」と呼ばれる時代である。この時期に人々はサハラに進出するようになった。湖岸や河岸で狩猟や漁労を行う人々が、その様子を描いた岩絵を残している。この時代は狩猟を中心とした「狩人の時代」である。

　サハラは7,500年前頃に急速に乾燥化したが、7,000年前頃に再び湿潤化して、乾燥期にサハラから退いていた人々は再びサハラに戻り牧畜を始めた。この時期が、岩絵に描かれた「ウシ飼いの時代」（3,500年前頃まで）である。この時代では、一部で農耕も開始された。4,500年前頃になるとサハラは急速に乾燥化していく。その様子は岩絵にも示され

ており、「ウシ飼いの時代」から「ウマの時代」（3,000年前頃）、「ラクダの時代」（2,000年前頃以降）へと変化していく。乾燥化に伴って動物も人々も、湿潤な南方やナイル河谷へと移動することとなった。

「緑のサハラ」が誕生したのは最終氷期の終了をもたらした温暖化によるものである。北半球の氷床の後退によって気候帯は極方向へシフトして、熱帯域の海水温が上昇した。それに伴って南西モンスーンが運ぶ水蒸気の量が増加するなどして、サハラの中心部にまで湿潤なモンスーンが吹き込むことになった。4,500年前頃に地球規模の冷涼化がはじまると亜熱帯高圧帯が南に張り出すようになり、湿潤なモンスーンのサハラへの侵入を妨げるようになった。若干の変動がありながらもそれは今日のサハラにまで続いている。

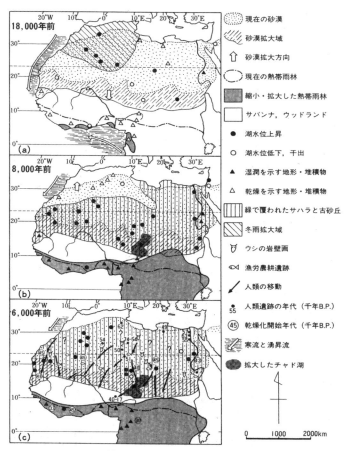

図1　第四紀末におけるサハラの環境変遷
出所：門村　浩（1990）「サハラ－その起源と変遷－」地理, 35-7.

4.「飢えるアフリカ」と砂漠化

1970年代からサヘル地域では少雨傾向による干ばつが続き、1980年代になるとこの地域の干ばつは「飢えるアフリカ」と称されて広く世界中に報道されることとなった。長引く干ばつは今を生きる人々には過酷なものであるが、長い年月をかけた地球規模の気候変動から見ると一瞬のものである。干ばつは砂漠化の進行をもたらすが、現代の砂漠化がこれまでのサハラ砂漠の拡大と大きく異なるのは、人間の活動が少なくない影響を与えているということである。人口の増加に伴う、その地域の生産性を超える過剰な農耕や放牧と無差別な薪炭材の伐採、繰り返される内戦による土地の荒廃、これらの人為的な問題が干ばつと重なることで深刻な食料不足の問題を生み出した。

深刻な干ばつが続いた一方で、近年はサハラ地域での洪水が報告されることが多い。気候の温暖化はサハラにどのような変化をもたらすのだろうか。洪水などはサハラの環境変化の現れで、温暖化により再び「緑のサハラ」の時代が訪れる予兆かも知れない。

［吉村憲二］

［参考文献］
堀　信行・菊地俊夫（2007）『世界の砂漠－その自然・文化・人間－』二宮書店.
門村　浩（1990）「サハラ－その起源と変遷－」地理, 35-7, pp.26-37.

アフリカ②

高騰するカカオ豆：日本の食卓への影響は？

1. カカオ豆価格の高騰

　カカオ豆の価格が2024年になって高騰し，4月当初では前年比のおよそ3倍になった（図1）。カカオ加工品は現代の生活に大きく浸透しており，欠かせないものとなっている。世界のカカオ豆の需要が増加している中で，チョコレート価格の上昇は生活に大きな影響を与えることになる。カカオは南アメリカ大陸北部を原産とする熱帯性の作物で，19世紀には西アフリカで栽培がはじまった。2022年ではギニア湾岸のコートジボワールとガーナの2カ国で世界の生産量の約57％を占めている。価格高騰の理由は生産量の減少であるが，その原因として気候変動とともに，ガーナにおける金の違法採掘やそれに伴う土壌汚染があるという。

2. モノカルチャー商品としてのカカオ豆

　アフリカ諸国には特定の一次産品の生産と輸出に依存する「モノカルチャー経済」の国が多い。その中でも，コートジボワールはカカオ豆の世界生産の約40％を占めており，全輸出額のうち約30％をカカオ豆が占める。

　モノカルチャー経済はその基盤が不安定で，国際価格に大きく左右される（図1）。農作物に依存する場合，価格の低迷は生産農家にとって死活問題であり，商品作物中心の農業構造は食料自給率の低下という事態を招きかねない。鉱産資源に依存する場合には，農作物に比べると価格は高いが，政府は輸出ばかりに目を向けて国内産業の育成を怠っている例もある。このようにモノカルチャー経済は，アフリカが直面する経済格差や一部の地域で深刻な栄養不足の問題を生み出す温床となっている。

　そんな中でガーナは，着実に栄養不足人口を減少させている国として注目されている。ギニア湾沿岸地域は「ヤムベルト」と呼ばれ，根菜類のヤムイモやキャッサバを主食としている。ガーナではそれらの根菜類の生産量を大幅に増やすことで食料不足の解消をすすめた。それは同時に，農業の多様化を通じて，カカオ豆という特定の一次産品に依存してきた脆弱な経済体制からの脱却でもあった。

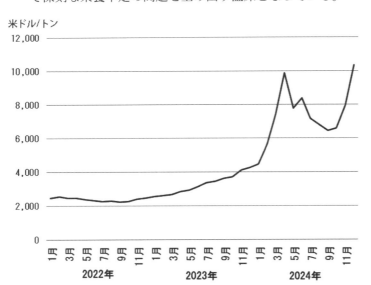

図1　カカオ豆の価格の推移
出所：ICCO（国際ココア機関）資料より作成。

3．低価格に苦しむ農家

　この地域のカカオ栽培農家はほとんどが小規模経営である。そして，カカオ豆は利益の薄い作物とされている。そのような状況を背景にして，この地域のカカオ農園では児童労働の問題が指摘されている。21世紀に入る頃から，カカオ農園で働く14歳未満の子どもたちの問題が広く知られるようになった。コートジボワールのカカオ豆の輸出の8割以上は大企業によって支配され，価格は低く抑えられている。そのため生産性を高めながら価格の安いカカオ豆を生産するために，低賃金労働の代表ともいえる児童労働が日常化することになった。コートジボワールでは隣国のマリやブルキナファソの子どもを雇用しているとされたが，そこにあるのは人身売買を伴う奴隷的な労働環境である。

　「カカオ農園で働く子どもたちはチョコレートを知らない」という言葉は，カカオ農園における児童労働の実態を示すものとして知られている。実際には，小農経営の農家の大人たちでさえチョコレートを口にしたことがある者は少ないという。このような違法で人権侵害を伴うような児童労働が，先進国の店舗に並ぶ多くのチョコレート製品を支えている。

　低価格が強いられるカカオから離れる農民も増えており，コーヒーでも同様なことがみられる。消費者が安くて高品質の製品を求めることが，生産者に低価格を押しつけ，生産者の離農を促進するという悪循環を生んでいることになる。

4．持続可能なカカオ産業の実現への取り組み

　栽培農家の厳しい経営や児童労働の問題に対するアプローチのひとつとして注目されているのが「フェアトレード」だ。農作物を適正な価格で購入することで，弱い立場の生産者や労働者の所得を向上させることを目指す新たな貿易の形態である。生産者の生活が安定すれば，子どもたちが学校に行かずに働くという問題も解決にむかう。ここでいう「フェア」は，単に生産者の収入を保障するだけではない。児童労働や過剰な農薬の使用などの問題も含めてのものである。ただ，国際フェアトレード認証ラベルを獲得するにはさまざまな基準をクリアしなければならず，ハードルが高い。

　カカオ豆を大量に調達する大手菓子メーカーでは，カカオ豆の調達に独自の基準を設けていることが多い。日本の代表的な菓子メーカーは企業としての原料調達のガイドラインを公表している。そこでは法令の遵守，児童労働（強制労働），森林破壊などの環境問題，残留農薬などが基準としてあげられている。また，国際協力機構（JICA）は2022年から「開発途上国におけるサステイナブル・カカオ・プラットフォーム」という取り組みを始めている。そこには2024年現在で関連企業や組織，NGOなど63団体が参加して，環境的，社会的，経済的課題に取り組み，持続可能なカカオ産業の発展をめざしている。

　今後は，消費者が質のよいカカオ豆を低価格で求めることは難しくなってくるかもしれない。しかし，質・量・価格の面で安定したカカオ産業の発展をめざすのであれば，カカオ豆価格の高騰は消費者の意識を変える契機と捉えることができるだろう。

［吉村憲二］

［参考文献］

キャロル・オフ（2007）『チョコレートの真実』英知出版.

朝日新聞「一皿から見える世界：ガーナのカカオ」2025年1月6日朝刊.

アフリカ ③

マンデラ大統領が目指した「虹の国」：映画『インビクタス』は何を描いたか？

1.『インビクタス／負けざる者たち』

　『インビクタス／負けざる者たち』（クリント・イーストウッド監督）という映画は2009年に公開された。アパルトヘイト廃止後の南アフリカ共和国（南ア共和国）を，和解の道を探るネルソン・マンデラ大統領を通して描いた作品である。作品の冒頭では白人のマンデラに対する嫌悪感が示されるが，マンデラは和解への強い意志を言葉と行動で示す。南ア共和国ではラグビーは白人のスポーツとされ，黒人にとっては差別の象徴であった。作品ではマンデラの社会の溝を埋めようとする思いを，自国開催のラグビーのワールドカップ優勝を目指す道のりと重ねて示している。

2. マンデラがめざした社会

　南ア共和国が実施してきたアパルトヘイトは，白人は優秀という根拠のない理由で他の人々を不当に差別する政策である。金をはじめとする豊かな鉱産資源や農作物に恵まれた土地で，白人がその利益を独占して，白人以外をその富を生み出す労働力と位置づけた。そのためには，その社会構造を正当化する政策が必要であった。

　マンデラは，アフリカ民族会議（ANC）の議長として反アパルトヘイト闘争の中心におり，それを理由に逮捕された。そして1990年に釈放されるまで27年間を獄中で過ごした。その間も反対闘争や国際的な圧力は続き，1980年代後半に政権を担ったデクラーク大統領はアパルトヘイトの廃止を決意して，1990年にマンデラは釈放された。1994年には全国民参加の選挙が実施され，マンデラが率いるANCが圧勝して，南ア共和国で初めての黒人大統領に就任した。以下は，大統領就任演説の一節である。

> We enter into a covenant that we shall build the society in which all South Africans, both black and white, will be able to walk tall, without any fear in their hearts, assured of their inalienable right to human dignity - a rainbow nation at peace with itself and the world.

　最後にある「rainbow nation」という言葉が，新しい南ア共和国を象徴する言葉として世界中に知られることになった。「虹」は多様性を示す象徴として用いられている。マンデラは新しい南ア共和国を，黒人の国ではなく多様性の国にしようと訴えた。そのためには，相互の憎しみを越えた和解が必要だと考えた。その信念をラグビーワールドカップから描いたのが『インビクタス／負けざる者たち』である。

　マンデラは5年間の大統領職を務めた。2期目を期待する声も大きかったが，「これからの南ア共和国の国づくりは行政経験がある者が担うべき」として大統領の座を退いた。その退任は「潔い」と賞賛された一方で，「無責任」という批判もあった。他のアフリカ諸国の首脳の中には「マンデラはどうかしている」と驚いた者も少なくなかったという。開発独裁の長期政権が珍しくないアフリカにおいて，自ら権力の座から退くマンデラは，独裁

者の目からは奇異に映ったということだろう。

3.「虹の国」はどうなったのか

マンデラは「マディバ」の愛称で呼ばれて，大統領を退任後も支持をする国民は多かった。弱い立場の人々のために戦った「不屈の魂」は，世界中から尊敬を集め続けた。

では，マンデラの「虹の国」への試みはどうなったのだろう。マンデラが大統領となったことで世界中からの投資が進み，アフリカ最大の工業国としての地位は確かなものとなった。日本や欧米の大企業の多くはアフリカの拠点を南ア共和国に置いた。2022年の輸出額は1,229億ドルで，2位のナイジェリアの約2倍である。南ア共和国は特定の独裁者による長期政権はみられないが，それが各国からの投資が行われる理由の一つといわれる。

写真1　2012年のヨハネスブルクのソウェト地区
（筆者撮影）

その一方で，治安の悪化は深刻な問題であり，ヨハネスブルクは「世界で最も治安が悪い都市」との異名がつくほどである。銃による犯罪も珍しくない。差別がなくなり所得が向上すると考えていた者たちにとって，マンデラ政権は期待外れだった。格差が一向に解消しない状況に，黒人の多くが不満を持った。ヨハネスブルク郊外にある黒人居住区として知られるソウェト地区（写真1）の一部は，道路は舗装されておらずバラック立ての建物に占められており，失業率も高い。

4. これからの南アフリカ共和国

新しい国として南ア共和国が生まれ変わって30年ほどが経ったが，マンデラが唱えた「虹の国」の理想はどこまで実現されているのだろうか。

BRICsのsが大文字のSになり，南ア共和国がそこに名を連ねることになった。このように経済的な発展が注目されるが，国内の格差問題は深刻である。格差の底辺にいる人たちからすると，汚職を繰り返す政府は金儲けばかりに目を向け格差の問題には無関心と映っている。また，周辺諸国からの労働者，HIV感染者，セックスワーカー，LGBTQなどの弱い立場の人々や少数者への差別も深刻だといわれる。

格差，汚職，差別はすべて政治課題である。これらの課題を置き去りにしていると，強い力で政治を動かす指導者を期待する声が大きくなることも考えられる。そうなれば「虹の国」と反対の道を歩み始めることになりかねない。弱い立場の人々を置き去りにしたままでは「虹の国」とはなりえないだろう。

［吉村憲二］

［参考文献］
堀内隆行（2021）『ネルソン・マンデラ―分断を超えた現実主義者―』岩波書店.

アフリカ④

アフリカで深刻な「音のない戦争」とは？

1. アフリカにおけるHIV（ヒト免疫不全ウイルス）

　銃声や爆発音が響かない中で，多くの人々がHIVに感染して命を落としていく状況は「音のない戦争」と呼ばれている。

　世界のHIV新規感染者数は1996年では約350万人であったが，2023年には約130万人と大きく減少した。新規感染者の大幅な減少は，輸血や性行為などを通じてHIVが感染するという知識が世界中で共有されることになった成果といえるだろう。AIDS関連死亡者は2005年の約170万人をピークに減少を続け，2023年には約63万人となった。これはHIVに感染してもAIDSの発症を抑える抗レトロウイルス剤が普及したことが大きい。

　世界レベルでは着実に成果を上げているといえるが，大きな課題がある。それはサブサハラと呼ばれるサハラ以南アフリカの陽性者数，新規感染者数，死亡者数の多さと感染率の高さである。サブサハラが世界全体に占める割合は，陽性者は約66％，新規感染者は約49％，新規感染者のうち14歳以下は約82％，死亡者は約62％を占めている（2023年）。

2. なぜ「健康に生きる権利」が保障されないのか

　HIVの感染源は体液であり，性行為によるもの，血液を介するもの，母子感染の3つがおもな感染経路といえる。母子感染以外は，感染経路や予防法についての知識を持ち危険な行為を意識することで感染を遠ざけることが可能となる。それらの知識を伝えることが，人々に「健康に生きる権利」を保障することになる。正しい知識を広く伝える役割を果たすのが「学校」ということになるが，サブサハラの就学率は他地域に比べて低い。就学率を高めることとともに，正しい知識を持つ教員の養成は喫緊の課題である。特に女性の教員は，若い女性の感染を防ぐ役割を担うことが期待されており，その増加は急務だといえる。

　サブサハラの新規感染者の大きな特徴といえるのが，約62％が女性であることで，他地域では男性が多いのとは対照的である（2023年）。これは，他地域に比べて女性の地位が低いことが大きな理由といえる。就学率は一般的に女性の方が低く，HIVを遠ざけるための正しい知識は男性に比べて届きにくい。また性暴力や，収入を得るためのセックスワーカーが多いことも女性の感染率の高さの一因といえるだろう。サブサハラでは，女性や生まれてくる子どもたちの「健康に生きる権利」がないがしろにされている。

　また，サブサハラでは抗レトロウイルス剤の普及が遅れた。薬の高価格がその理由で，サブサハラの人々には手が出せるものではなかった。製薬会社に巨額の利益が保障される代償として，サブサハラでは多くの命が失われた。21世紀に入って製薬会社が保有する特許を使用することが認められるようになった結果，サブサハラで抗HIV治療を受けている割合は，2014年の40％程度から2023年には約83％と10年間で飛躍的に伸びた。

　感染の拡大と抗レトロウイルス剤の普及の遅れの背景にあるのは「格差」であり，「格差」が人々の「健康に生きる権利」を奪っている。

3. なぜ南部でパンデミックが起こっているのか

サブサハラの中でも特に南部のHIV感染率が高い。2018年の統計で成人のHIV感染率が10％を超える国は世界で8カ国（高い順にエスワティニ，レソト，南アフリカ共和国，ボツワナ，ジンバブエ，モザンビーク，ナミビア，ザンビア）であるが，すべて南部に位置する国である。

この地域の国々のGNI（国民総所得）をみると南ア共和国が

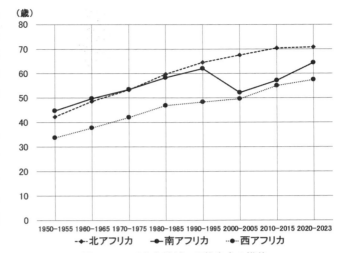

図1　アフリカ各地域の平均寿命の推移
出所：World Population Prospects より作成。

群を抜いて高く，他の国を総計しても遠く及ばない。また，人口も最多である。そのため周辺諸国からの移民や出稼ぎ労働力が流入するなど，人の流動性が高い。国境を越えた人の移動が，この地域で感染が拡大した原因といえるだろう。

その結果，南部アフリカの平均寿命は大きく低下した。1990年代前半までの南部アフリカの平均寿命は，南ア共和国の経済発展により順調に伸び，1990～95年の平均で約63歳であった。それが，2000～05年の平均は約53歳となり，10年間で約10歳も低下した（図1）。その原因についてAIDS関連死亡者の増加以外に理由を求めるのは難しい。特に母子感染による子どもの犠牲が平均寿命を引き下げたであろうことは想像に難くない。

4. HIVと生きる

AIDS関連死亡者は2000年代前半から減少に転じた。サブサハラでも2010年に比べて2023年では約57％減少し，14歳以下の新規感染者も大きく減少した。しかし，新規感染者に女性が多いことを考えると，医療や創薬での新しい動きがない限りはサブサハラの母子感染（14歳以下の新規感染者）は当面はなくなることはないだろう。

そこで求められるのはHIVとともに生きる社会を創ることであり，その活動のモデルとして，ケニアの「NEPHAK（National Empowerment Network of People Living with HIV/AIDS in Kenya）」を挙げることができる。HIVに直面する人々を結びつけて「コミュニティの健康と福祉の向上」をめざす全国ネットワークである。

HIV感染者のみならず，その家族や女性，LGBTQ，セックスワーカーなどに対する差別や偏見は各地で多く報告されている。HIVやAIDSは克服されたとしても，差別という「音のない戦争」が人々を傷つける。そういう社会においてNEPHAKのようなNGOが果たす役割は大きい。

［吉村憲二］

［参考文献］
UNAIDS（2024）『*The Urgency of Now: AIDS at a Crossroads*』United Nations Publications.
遠藤　貢・阪本拓人編（2022）『ようこそアフリカ世界へ』昭和堂，pp.169-170.

アフリカ⑤

中国がアフリカでインフラ整備を進める理由は？

1. 中国にとってのアフリカ

アフリカのほとんどの国は第二次世界大戦後に独立を果たしたが、経済的には自立できず、旧宗主国の半植民地状態が続いていた。しかし現在は、かつてほど旧宗主国の影響は強くない。1990年代以降に、旧宗主国にかわり強い影響力を持つようになったのが中国である。

高度成長を続ける中国にとって、それを支える資源の確保と市場の開拓は喫緊の課題となっていた。そのような状況の中で中国が注目したのがアフリカである。21世紀に入ると中国首脳は積極的な資源外交を展開して、現地との太いパイプを構築した。それを後押ししているのが、中国が提唱する「一帯一路構想」といえるだろう。「一帯一路構想」は現代のシルクロードと呼ばれていることからもわかるように、中国と中央アジア、中東、ヨーロッパを結ぶものであり、中国はアフリカもその一部と捉えている。多くの中国系企業がアフリカに進出して投資をすすめた結果、中国が最大の貿易相手国である国が多数を占めるようになった（図1）。

アフリカとの貿易に欠かせないのが現地のインフラ整備である。特に鉄道、港湾、空港などの交通インフラ整備は重要で、これを中国の援助で実施することで、その国との関係を確固たるものにしていくことができる。中国は2000年から3年おきに「中国・アフリカ協力フォーラム（FOCAC）」を開催している。2024年9月には北京で第9回FOCACが開催されたが、開催されるたびに中国はアフリカへの巨額の融資を表明している。

2. アフリカにとっての中国

アフリカ諸国の多くは一次産品に依存する、経済基盤が脆弱なモノカルチャー経済で成り立っている。そして、その多くの国はモノカルチャー経済からの脱却をめざしている。その方策は国によってまちまちであるが、工業化による発展をめざす国は多い。一般的には輸入代替工業化を経て輸出指向工業化というプロセスとなるが、現在のところ南アフリカ共和国を除いてアフリカ諸国で後者に到達している国はない。しかし、輸入代替工業化の段階であっても、多くの資材が必要となるとともに交通インフラ整備は不可欠である。その需要の高まりに、中国のアフリカへの進出が重なった。リーマンショックで欧米諸国からの投資が停滞するなかで、中国は投資を強めていった。

資源が豊富な国では、モノカルチャー経済からの脱却に中国の力を借りている一方で、資源を中国に輸出することで脱却から遠のくというジレンマも生まれている。

3. 中国のアフリカ進出から見えるもの

中国のアフリカ進出は、相互に利益があるものとされる。ただ一方で、アフリカにおける中国の進出には課題も指摘されている。

その1：インフラ整備などの現場では多くの中国人が働いており、それが現地の人々の

雇用を奪っているといわれている。建設労働者の需要をあてにして中国から商人も移動してくると、新たに形成された中国人街のみで経済が動き、現地の人々が受ける恩恵が少なくなる。そこから、「中国人は我々の社会に溶け込もうとしない」という現地の人々の声があがってくる。中国のアフリカに対する関与は、アフリカにおける中国に対する肯定的な世論形成も

図1　国別輸入額で中国が1位の国
出所：『データブック オブ・ザ・ワールド』（二宮書店）2014，2024より作成．

目的のひとつといわれるが、親しみを感じる声が多い一方で、批判する声も少なくない。

　その2：中国はインフラ整備を通じて、アフリカ諸国の経済植民地化をすすめているという批判がある。中国による巨額の投資は、当事国からすると対中国債務の増加ということになる。そのような批判に対して、近年中国は金銭的な融資以外のソフト的な支援を表明している。これはそのような批判を意識したものであるとともに、中国国内の経済成長の減速を反映したものといえる。

　その3：アフリカには開発独裁的な政治体制の国が多い。中国がそのような政権と親密な関係を結び巨額な融資を行うことは、開発独裁の支援につながる。特定の政治家による独裁的な政治は、反対勢力に対する弾圧や不公正な選挙につながる可能性がある。独裁者による民衆に対する人権侵害を中国が支えているという批判である。

　その4：中国製品の流入が、当事国の企業の成長を妨げている。当事国での製造業の起業と成長が経済的な「離陸」を支えるが、安易に輸入に頼ることで、製造業は定着せずに多額の支払いを求められることになる。

4．これからの中国とアフリカ

　前述したとおり、中国のアフリカに対する関与は、近年はインフラ整備などのハード的なものにソフト的なものが加わるようになった。今後は後者の割合が高くなることが予想される。実際に2021年の第8回FOCACで採択されたダカール行動計画では、保健医療分野などが前面に押し出され、インフラ整備よりも重視されている。その背景には、中国がアフリカ諸国を借金漬けにしているという批判を意識したことがあるだろう。それに加えて、中国では人口減少がはじまり経済の減速も顕著である。そのような状況で、アフリカに莫大な投資を続けるのは困難になってくるのは明らかである。

　経済停滞が問題となる中国であるが、経済大国であることは変わらない。今後はソフト面も含めて、アフリカ諸国の自立に向けての協力体制が求められる。

［吉村憲二］

［参考文献］
北野尚宏（2022）「「中国・アフリカ協力フォーラム」をめぐる新たな動き－アフリカに向き合う世界」
　国際問題，707．

［コラム］ 日本の動物園がスマートフォンを回収している理由は？

写真1　上野動物園のポスター

1. スマートフォンとゴリラ

東京都の上野動物園では，来園者に対して，不要になった携帯電話・スマートフォン（以下スマホ）の回収を呼びかけた。千葉市動物公園や京都市動物園でもこのような取り組みが行われた。写真1は2024年の秋に上野動物園の東園「ゴリラ・トラのすむ森」で撮影したものである。

スマホには，タンタルやコバルトなどの鉱産資源から生産された部品が使われており，先端技術産業の成長とともに需要が拡大してきた。これらの鉱物は，レアメタル（希少金属）とよばれている。アフリカ大陸に位置するコンゴ民主共和国では，レアメタルを採掘する目的で，ゴリラの生息地である森林が破壊され，個体数の減少が深刻な状況になっている。

「レアメタルを再利用して，アフリカ大陸の森林伐採に歯止めをかけてゴリラの生息地を守ろう」……各地の動物園での呼びかけから，ゴリラとスマホなどの電子機器との意外なつながりが見えてくる。廃棄される電子機器に含まれるレアメタルは，都会に暮らす人々の身近に眠る鉱物という意味で「都市鉱山」とよばれる。

2. コペル君が現代人だったら－世界とつながる私たちの日常－

開発教育協会は，2018年に「スマホから考える世界・わたし・SDGs」という教材を発行している。現代人の生活に欠かせない存在となっているスマホの原料であるレアメタルが「紛争鉱物」とよばれていることに加え，組み立て工場のある中国での深刻な労働問題が参加型学習を通して可視化される。およそ1,000個にもおよぶスマホの部品が，世界各地から集められていることに気づかされる。

吉野源三郎の名著『君たちはどう生きるか』の主人公であるコペル君は，ミルク缶から発想を飛ばして，世界の人々と自分の暮らしがつながりをもっていることを発見する。コペル君が現代人だったとしたら，スマートフォンからみえる世界をどうとらえるだろうか。

［武田竜一］

［参考文献］
吉崎亜由美（2024）「スマホから考える世界・わたし・SDGs－わたしたちは何を使っているのか－」湯本浩之・西岡尚也・黛　京子編著『SDGs時代の地理教育－「地理総合」への開発教育からの提案－』学文社.

［コラム］「ロードプライシング」「パークアンドライド」の目的とは？

　大気汚染，酸性雨はヨーロッパのみならず，全世界での環境問題である。その原因の多くが人々の自動車利用である。人々の生活には自動車は不可欠であり，自動車の利用が増えると，騒音，渋滞，事故といった問題も起こっている。これらの問題をどう解決していくのか，ヨーロッパにおける「ロードプライシング」，「パークアンドライド」の事例から考えたい。

　ロードプライシングは，1920年以降のモータリゼーションを迎えたヨーロッパ社会において，道路整備の財源調達を目的に始まった。道路，橋，トンネルを建設した後に通行者から通行料を徴収し，それを建設費用に充てていたのである。イギリスのロンドンでは，ピーク時間帯の自動車の平均時速が15km（自転車と同程度）ともいわれる慢性的な交通渋滞に悩まされていた。ブレア政権の自動車交通量削減を目指す国家政策として，1997年に道路交通削減法（Road Traffic Reduction Act）が施行され，2003年にロンドン市におけるロードプライシングが始まった。

　ロンドン市のロードプライシングは，平日の7時から21時に都心部に流入する車両に対して，1日5ポンドを課金するものである。支払いは電話やインターネットで行われ，市内各所に設置されたカメラによってナンバープレートが読み取られ，支払いの有無を確認している。制度が始まってから，課金区域への進入車両は18％減少した。公共交通機関の利用が増え，バスの運行本数は23％増加し，バスの運行時間の遅れは60％減少した。

　パークアンドライドは，公共交通機関の駅に駐車場を作り，人々はそこを起点に自動車から公共交通機関に乗り換え，都心部への自動車流入を減らすものである。ドイツのフライブルク市では，1988年にパークアンドライドの整備を始め，市内には約2,000台分の駐車場が作られた。サッカーの試合のチケットは駐車場と路面電車の利用料が含まれて販売されるほどである。

　人々が自動車から公共交通機関に乗り換えるためには，公共交通機関の利用のしやすさが鍵になる。フライブルク市では1984年にドイツで初めて，バスと路面電車が乗り放題となる定期券である「環境保護券（Umweltschutzkarte）」を，1991年には近隣の都市にも対象を広げた「地域環境券（Regiokarte）」を導入した。人々の公共交通機関利用は増加し，利用者数はこれらの制度が始まってから25倍にもなった。また，フライブルク市内を走る路面電車の充実もあげられる。騒音対策として継ぎ目のないレールの使用，車両の低床化が行われた。道路での路面電車優先が採用され，スムーズな運行が行われている。

［上原達也］

［参考文献］

久米良昭（2006）「諸外国におけるロードプライシングの導入事例」日本不動産学会誌，
　　19-3，pp.85-101.

飛田　満（2008）「ドイツ・フライブルク市の都市交通政策」目白大学人文学研究，4，
　　pp.97-107.

ヨーロッパ・ロシア ①

EU に加盟する国としない国があるのはなぜ？

1. EU 発足の目的と経緯

　1992 年にマーストリヒト条約を 11 カ国が批准し，1993 年に同条約の発効がなされ欧州連合（以下，EU）が誕生した。以来 30 余年が経ち，その真価が問われ，問題が浮き彫りになって久しい。EU の設立目的の一つは経済活動の円滑化を期待すること，すなわち市場統合である。もう一つは政治統合にあった。特に前者によって，いわゆるボーダレス化が進められた。モノの移動は，域内貿易の関税撤廃によって国境をスムーズに越えられることになり，輸送の迅速さが高まった。

　広く目に見える例としては，「ユーロの番人」として通貨流通量を調整するなど金融政策を担うべく，1998 年に欧州中央銀行（以下，ECB）が発足し，1999 年に 11 カ国でユーロの導入，2002 年には紙幣と貨幣の流通が始まった。ユーロ導入によって，US ドルと並ぶ基軸通貨となることで世界経済への影響が大きくなった。一方でデメリットとして，ECB が金融政策を統一的に決めることで加盟国自身の景気対策が取りにくくなったものの，これまでの経緯を踏まえると，マイナス面より市場統合のメリットを得ることが大きい。

　もちろん EU は，共通外交・安全保障政策，警察・刑事司法協力など政治統合も目指してきた。2009 年に新たな基本条約ともいうべきリスボン条約が調印され，2009 年に発効された。これにより EU 大統領に相当する欧州理事会常任議長，外務大臣に相当する外務・安全保障政策上級代表が設けられ，統合の深化と拡大を目指した。2024 年現在，前者はシャルル・ミシェル氏（ベルギー人），後者はジョセップ・ボレル氏（スペイン人）が EU の顔となり，その任にあたっている。

2. EU に加盟しない国 － ノルウェーはなぜ EU に加盟しないの？ －

　EU には 2013 年時点で 28 カ国が加盟していたが，一方で加盟していない国もある。ここではノルウェーを事例に紹介する。同国は EU 発足時の 1994 年に EU 加盟を問う国民投票を行い，約 52% が反対票を投じた。この結果は同国政府の EU に対する姿勢に大きな影響を与え，その後の政治的決定にも強く反映した。さらに 2016 年の国民世論調査でも同様に EU 加盟反対が多数派になり，2024 年現在も加盟の動きはない。つまり国民は EU の制度や政策が自国に及ぼす影響を慎重に考え，主権や国益を重視した。

　加盟に反対する理由の一つとして経済的な背景がみられる。ノルウェーは北海の石油と天然ガス資源を有しており，また氷河からもたらされる水資源を生かした水力発電によってエネルギー面での自立を目指してきた。EU 加盟による規制や義務が経済に悪影響を及ぼすのではないかという懸念を国民の多数派が持っており，たとえば EU の漁業政策や農業政策に従うことは，同国の重要な産業に対して制約を課す可能性がある。

　またノルウェーはスカンジナビア諸国との経済協力を重視しており，EU に加盟せずとも，欧州経済地域（EEA）のメンバーとして EU の単一市場と結びつきを持っている。つまり EU の市場に参加しつつ，農業や漁業政策などの重要な分野での制約を回避していることからも，同

国は EU のメリットを享受しつつも，完全な加盟国ではないという独自の立場を選んだ。

さらに国民の多くは，EU に加盟することで国の主権が損なわれることを懸念しているようだ。EU の規制や法律は，加盟国に対して多くの義務を課すことがあり，これが国の政策決定に影響を与える可能性がある。同国は独自の外交政策や経済政策を維持することを重視しており，EU 非加盟の選択に大きな影響を与えているといえよう。

写真1　パリ・シャルルドゴール空港の出入国審査場の案内板
EU，EEA，CH（スイス）域内とそれ以外の国のパスポート所持者で窓口が分かれる。シェンゲン協定（54 ページ参照）の域内へ最初に入る国，域内から最後に出る国でのみ審査を受ける。（2015 年 12 月筆者撮影）

3．なぜイギリスは EU から脱退したの？

イギリスでは 2004 年以降に EU に加盟した旧東欧諸国から流入した移民が，労働者の賃金や雇用機会に対する脅威として捉えられ，多くの国民が移民管理の強化を求め，脱退を支持する一因となった。また EU に支払う財政的負担を国内の課題に対する投資に回せると考え，脱退によってこれらの資金を自国の優先事項に振り向けられると期待する声が高まった。さらにナショナリズムの台頭も無視できない。同国のアイデンティティや文化を重視する動きが強まり，EU がそれを脅かす存在として認識され，国民の間で「イギリスファースト」という考え方が広がったことで，脱退を支持する土壌が形成されていった。

2009 年のギリシャ危機に始まるユーロ危機，さらなる難民の増加などを背景にイギリス国民の中には，EU が持つ規制や法律が国内政策に過剰に影響を与えているとの懸念が広がっていた。特に EU の決定が自国の主権を損なうと感じる人々が多く，国民投票を通じて主権の回復を求める声が高まった。イギリスの EU 離脱，通称「ブレグジット」は，国民が自身の政府に対して EU から主権を取り戻す象徴的な動きとして捉えられていた。

2016 年，当時のデービッド・キャメロン首相は国民投票を実施し，国民の過半数が脱退を選び，EU 離脱法が成立した。最終的には 2020 年 1 月末に離脱に至った。イギリスの EU 脱退は，主権回復，移民問題，経済的負担，ナショナリズムの台頭，そして経済的未来への期待など，複数の要因が重なり合った結果であるとされる。一方，EU 内での影響力が低下し，特に自由貿易協定（FTA）を含む貿易協定が焦点であり，EU との関係を完全に切り離すことは難しいという現実がある。

EU 脱退決定後はポンドが急落し，輸入品のコストが上昇した。これにより国内での物価上昇圧力が強まり，脱退後の最初の数年間で食品や日用品の価格が上昇し，輸入依存度が高い食品価格，特に新鮮な青果物や肉類の価格は顕著な上昇を示した。またエネルギー価格も国際的な市場動向に影響され，ガソリンや電気代が高騰し，消費者物価指数は 2015 年に前年比 0.4％の上昇が，2017 年には前年比 2.6％の上昇となった。EU から脱退した 2020 年は，COVID-19 パンデミックによる供給チェーンの混乱から物価の上昇が続いた。2022 年には供給不足や需要の回復が重なり，前年比 7.9％の上昇となった。その結果，イギリス中央銀行はインフレ抑制のための金利引き上げを検討せざるを得なくなった。

［内藤芳宏］

ヨーロッパ・ロシア②

ヨーロッパの交通はどのように発展しているのか？

1. 高速化，オープンアクセス化が進む鉄道

　日本とヨーロッパの鉄道の大きな違いは，線路の幅である。日本の在来線の線路の幅は狭軌と呼ばれるもので1,067mmであり，新幹線は標準軌で1,435mmである。ヨーロッパの場合，一部の国を除き，在来線も高速鉄道も標準軌である。一般に，軌道幅は広い方が安定走行でき，スピードも出しやすくなる。また在来線と高速鉄道の軌道幅が同じことで，高速鉄道が在来線に直接乗り入れることが可能になっている。

　ヨーロッパには，表1のように，いくつかの高速鉄道網が整備され，それらは専用路線では時速300kmを超える速度で運行されている（写真1）。その多くが国境を越えて運行されている点も特徴といえる。また，日本では少なくなった，行き止まりのターミナル駅も健在であり，多くの人々が行きかう姿を見ることができる。

　またヨーロッパでは鉄道の「上下分離化」が進んでおり，かつての国有鉄道以外の事業者にも鉄道運行事業への参入が開放（オープンアクセス）されている。写真2は，ミュンヘンを拠点にドイツ鉄道（DB）の線路を走る私鉄のメリディアンの車両である。新たな民間事業者が相次いで参入しており，価格やサービス面の競争が起こっている。

表1　ヨーロッパの主な高速鉄道

国	高速鉄道名	最高時速（km/h）	主要駅間の所要時間
ドイツ	ICE	320	フランクフルト～ケルン　約190km／約1時間
フランス	TGV	320	パリ～ストラスブール　約400km／約1時間50分
イギリス・フランス	ユーロスター	300	ロンドン～パリ　約350km／約2時間15分
スペイン	AVE	310	マドリード～バルセロナ　約500km／約2時間30分

写真1　ドイツ鉄道の高速鉄道ICE
（2006年7月筆者撮影）

写真2　ドイツの私鉄メリディアン
（2014年8月筆者撮影）

写真3 ノルウェーのフィヨルドを跨ぐフェリー
（2023年8月筆者撮影）

写真4 ロフォーテン諸島アンデネスのフェリー
（2023年8月筆者撮影）

2. トンネルへの置き換えが進むフェリー

　ヨーロッパには，まだまだ船舶が重要な交通手段となっている場所がある（写真3・4）。たとえば，ノルウェーのフィヨルドが発達している地域などが該当する。多くの場合は，車両で乗船する際，面倒な手続きは不要で，料金の支払いもフロントガラスに張られたバーコードが読み込まれる形の自動精算方式である。ただし，以前と比べれば，船の運航区間は減少傾向にある。新たな道路の建設（特にトンネルの整備）が進んでおり，船舶が日常的に使われるのはもはや期間限定といえるかもしれない。

3. 活躍の場が狭まる短距離航空路線

　少し前まで，ヨーロッパでは短距離路線の航空路が多くあり，低運賃かつ高速で移動することができた。機体も大型機から50名程度が乗れる小型のジェット機まで多様な機種で，主要空港と地方空港を結んでいた（写真5）。

　ところが近年，気候変動を絡めた議論の中で，航空機の利用を規制する動きが出てきている。たとえば，フランスでは2023年5月に，鉄道での移動が可能な国内の短

写真5 短距離路線に使われている小型ジェット機
（2013年1月筆者撮影）

距離区間で航空機を利用することを禁止する法律が施行された。これは温室効果ガスの排出削減を目的としたものであり，多くの短距離路線が廃止されることになった。さらに持続可能な航空燃料（SAF）の使用が義務付けられることになっており，EUでは2050年までにSAFの混合率が70％まで引き上げられる予定である。当然これらは航空運賃にも転嫁されることになり，今後は低運賃での移動は難しくなるといえる。

［飯塚和幸］

ヨーロッパ・ロシア ③

大西洋の北の島・南の島はどのようなところなのか？

1. 北の島：世界最大の島・グリーンランド

　大西洋に浮かぶ世界最大の島であるグリーンランドには，デンマークのコペンハーゲンや，アイスランドのレイキャビクから定期航空便が就航している。島全体の約80％が氷床に覆われており，最も厚い場所は3,000 m以上の厚さがあるとされている。なぜ氷で覆われているのにもかかわらず「グリーンランド」と名付けられたのであろうか。名付け親はノルウェー生まれのヴァイキング「赤毛のエリック」であるとされる。彼は10世紀にヨーロッパ人として初めて島を発見し，入植したが，ヴァイキングの子孫は15世紀には消滅した。なお入植の跡地は2017年世界遺産に登録されている。グリーンランドには約4,000年前からエスキモー系の民族が居住しているとされており，現在でも中心は10世紀ごろから北西部に居住していたエスキモー系のカラーリット（Kalaallit）である。

　さて，現在のグリーンランドはどのようなところだろうか。冷戦期には，アメリカ軍を中心に戦略上重要な地域であり，いくつもの軍事基地が建設された。そのため人口5万6,000人の島には，立派な空港が複数存在する。デンマークの自治領になっているが，今日では多くの権限を与えられており，一部では独立を目指す動きもある。

　島の住民たちは，かつてはイグルーや動物の毛皮で作られたテントに居住していたが，現在では，永久凍土を溶かさないように工夫された近代的な住居（写真1）に居住しており，最大の都市ヌーク（ゴットホープ）にはビルも建設されている。移動手段も，犬ゾリなどからスノーモービルや車に変わっている。しかし，食事の面では，クジラやアザラシを食べるなど伝統食文化が残っている。魚屋では日常的にクジラが解体され，販売されている（写真2）。そして，レストランにも必ずクジラ料理が存在する。これはグリーンランドの住民に，国際捕鯨委員会（IWC）において，先住民生存捕鯨の枠が与えられているからである。

　島の内陸部から氷河が日々少しずつ流動し，海に流れ出る瞬間は非常にダイナミックであり，各地からクルーズ船も訪れる。同時に内陸では日々新たに氷河が作られている。短

写真1　グリーンランド最大の都市ヌークの街並み
（2011年8月筆者撮影）

写真2　街なかの魚屋で販売されるクジラ肉
（2011年8月筆者撮影）

い夏には，海岸部を中心にツンドラ景観が広がり，コケや草本が生い茂っている。そして周囲は，山だけでなく陸地のすべてが氷河による作用を受けた氷河地形となっている。

2．南の島：大西洋の楽園・カナリア諸島

　カナリア諸島は，モロッコの沖合にあるスペイン領の島々である。かつては，ヨーロッパから北米大陸，南米大陸に向かう際の船の寄港地であった。クリストファー・コロンブスやアメリゴ・ベスプッチなどの探検家も寄港していることは有名である。また，グラン・カナリア島のラスパルマス港は，現在でも，日本のマグロ漁船の中継基地として機能している。

　現在では「大西洋のハワイ」と言われることもあり，「常春の島」としてヨーロッパの人々の保養地となっている。テネリフェ島やグラン・カナリア島には国際空港もあり，ヨーロッパ各地からの観光客が一年中訪れている。1800年代中ごろから関税免除の自由貿易港として栄えはじめ，次第にホテル建設が進んでいったことが始まりとされており，現在ではリゾート地と化している。

　カナリア諸島は，ホットスポット作用で出来た火山島であり，7つの島から構成されている。大陸から隔絶されてきたこともあり，固有の生物種が多く，自然環境上でも重要な地域とされている。カナリア諸島は北緯28度ほどに位置しており，年間を通して亜熱帯高圧帯に支配される。寒流であるカナリア海流の影響もあり，降水量は少なく，晴天の日も多い。

　カナリア諸島最大の島であるテネリフェ島にはスペインの最高峰テイデ山（3,718m）があり，カナリア諸島の特徴的な景観である雲霧林（写真3）を見ることができる。テイデ山の山麓や山頂部は乾燥しているが，北東貿易風が山に当たるため，毎日ほぼ同じ標高帯（2,000～2,500m前後）に雲が発生する。雲ができる中腹部のみ，水分条件が良くなるために照葉樹林の森林が発達する，非常に特異な景観を形成している。

　なお，テイデ山の山麓では，スペイン本土向けのバナナのプランテーション（写真4）がさかんに行われている。これもカナリア諸島の代表的景観ということができるのではないだろうか。

［飯塚和幸］

写真3　スペインの最高峰テイデ山中腹の植生
　　　（2014年3月筆者撮影）

写真4　テネリフェ島のバナナのプランテーション
　　　（2014年3月筆者撮影）

ヨーロッパ・ロシア④

氷河によって作られた景観はどのようなものがあるのか？

1. ヨーロッパの多様な自然環境

　ヨーロッパの自然環境は多様であるといえる。大地形・中地形的に見れば，変動帯も，安定陸塊も存在し，急峻な山から大平原までが存在する。また小地形・微地形的に見れば，氷河地形，周氷河地形，石灰岩地形など，日本では目にすることがない（もしくは少ない）地形が多く形成されている。気候も，乾燥帯から寒帯気候までが広がっている。この自然環境の多様さが，美しい自然景観を生み出しているといえる。そこで氷河によって作られた2つの美しい自然景観を紹介したい。

2. アルプスの山岳氷河とU字谷

　ヨーロッパアルプスに囲まれたオーストリア西部チロル州の州都インスブルクから列車で30分，エッツタール駅に到着する。ドイツ語で「Tal（タール）」は谷を意味し，エッツタールは奥行きが約65kmにも及ぶ，アルプス最大級の谷である。エッツタール駅からバスに乗り換え，約1時間で，イタリアとの国境の村・オーバーグルグル（人口約500人）に到着する。周辺は雄大な自然に恵まれ，中でも冬はスキーリゾートとして多くの観光客が長期滞在しホテルの値段も1泊100ユーロを超えるが，夏は比較的空いており，1泊30ユーロほどで滞在できる。山を越えたイタリア側では1991年に，約5,300万年前のミイラ「アイスマン」が発見されている。「アイスマン」は夏の放牧の最中に死亡したとされる説もある。

　オーバーグルグル周辺の最大の魅力は雄大な自然である。標高2,500m付近まではモミ森があり，森林限界より上部は，牛や羊の夏の放牧地となっている。さらに標高2,653mのホーエムート（Hohe Mut）からは，ガイスベルク氷河（Gaisbergtal：写真1左）とロートモース氷河（Rotmoosferner：写真1右）の2つの氷河と，それによって形成されたU字谷を望むことができる。オーバーグルグルからホーエムートまではスキー用のリフトが夏でも運転しており，初心者でも容易にアクセスできる。また下りは，U字谷の谷底を歩き，オーバーグルグルまで戻るハイキングコースが整備されている。

写真1　オーストリア・オーバーグルグル上部のU字谷
（2006年7月筆者撮影）

　U字谷の谷底でも牛や羊が放牧されている。セイヨウウスユキソウ（エーデルワイス）やアルペンローゼなどの高山植物が生育しているが，ハイキング客や家畜によって踏みつぶされ，生育環境が悪化しているため，一部には柵が設けられ，保護されている。モミの森林限界，高山植物，牛や羊の放牧，そして氷河とU字谷が融合し，美しい景観を生み出している。

3. スカンジナビア半島のフィヨルド

約1万年前に終了した最終氷期の最寒冷期には，スカンジナビア半島に氷床が存在していたと考えられている。現在，氷床は南極大陸とグリーンランドにのみ発達しているが，最終氷期にはスカンジナビア半島だけでなく，北米大陸北部や南米大陸南部にも氷床が存在していたことが明らかになっている。

写真2 ノルウェー・リーセフィヨルド
（2006年7月筆者撮影）

スカンジナビア氷床はイギリス北部からスカンジナビア半島，ロシア西部に存在していた氷床で，約2万年前に最も発達していたと考えられている。陸上に氷河が大量に存在したことから，海水面は低下し，さらに氷食が進み，多くのU字谷が形成された。その後，地球全体が温暖化したことにより海水面が上昇し，U字谷に海水が浸入し，フィヨルドが形成された（写真2）。

フィヨルドは外海に比べ穏やかなことから，近年はサケの養殖などが行われている地域もある。フィヨルドはスカンジナビア半島以外にも，イギリス北部，グリーンランド，アイスランド，北アメリカ，南アメリカ，ニュージーランドなどで見られるが，スカンジナビア半島のものは比較的大規模であり，長さ200km，水深1,000mを超えるものも存在する。

3. 自然環境の危機

ヨーロッパアルプスでは，現在でも山岳氷河が発達している。オーストリア・ザルツブルグから車で2時間ほどのところにあるグロスグロックナーは，オーストリア最大級の氷河である。しかし，温暖化の影響で年々，後退気味である。通常の氷河であれば氷河の消失を確認することが難しいが，ここでは5年ごとの氷河の位置が示されている。それを見ると，特にここ20年の後退速度が速いようである（写真3）。

［飯塚和幸］

写真3 グロスグロックナーの1985年と2000年の氷河の位置を示す表示板
（2014年8月筆者撮影）

ヨーロッパ・ロシア ⑤

ヨーロッパは自由に往来できるようになったのか？

1. EU とシェンゲン協定

　1985 年，ルクセンブルクのシェンゲン村を流れるモーゼル川の船上で，当時の EEC 加盟 10 カ国のうち，西ドイツ，フランス，ベネルクス三国が段階的に入国審査を撤廃するシェンゲン協定の合意がなされた。のちの EU は「自由移動の原則」を掲げ，パスポートや入国審査なしで原則として加盟国間での自由な往来を目指した。

　この協定を結んだ国家間では，パスポートや入国審査なしで，国内旅行と同様に移動できるようになった。2024 年 12 月現在，EU27 カ国中，アイルランドとキプロスを除く 25 カ国および非 EU4 カ国（アイスランド，リヒテンシュタイン，ノルウェー，スイス）の計 29 カ国が，シェンゲン協定のもと，域内国境審査の廃止に合意している。なお 2024 年 3 月 31 日に締結国となったブルガリアとルーマニアは，空路と海路の国境における出入国審査は廃止したが，陸路での出入国審査は継続している。

　短期滞在目的で訪れる日本を含む非 EU 国からの旅行者がシェンゲン圏へのビザを免除される条件としては，①滞在期間；あらゆる 180 日の期間内で最大 90 日間（任意の基準日から過去 180 日の間に累積で 90 日を超えて滞在することはできない），②渡航目的；観光・出張などのビジネス目的，親族・友人訪問，文化・スポーツイベント参加や交流，ジャーナリストや取材目的，治療，短期的な勉強や研修など，③パスポートの有効期間；シェンゲン領域国からの出国予定日から 3 カ月以上残っており，かつ 10 年以内に発行されたパスポートを所持していること，の 3 つがある。

　シェンゲン協定には経済的利益，文化交流などのメリットがある一方で，デメリットも少なくない。当初より懸念されていた加盟国間の国境が開放されることによる違法移民の流入増加のリスクは，一部の国で社会的緊張を引き起こす原因となった。2015 年，内戦下のシリアを含む政情不安な中東や北アフリカから密航船で，協定加盟国のギリシャへ難民が殺到した。この年だけで難民は 100 万人を超え，その多くが雇用機会と賃金の高いドイツを目指した。2016 年の EU とトルコ間の合意を受けて，ギリシャに入る難民は翌年に 20 万人と減少したが，地中海を越えてイタリアに向かう密航船は後を絶たなかった。協定加盟国では移民の流入により，教育や医療，社会保障などの公共サービスに対する負担が増大する可能性が高まり，住民との間に摩擦を生む原因となった。またテロリストが国境を越えて行動しやすくなる可能性も増し，安全保障上のリスクの増大が懸念されてきた。

　その安全保障を強化するために，2025 年以降，日本をはじめシェンゲン・ビザを免除されていた域外国からの渡航者は，シェンゲン協定加盟国への渡航前にインターネット上で欧州渡航情報認証制度（以下，ETIAS）を通じて入国審査の申請を行い，認証を得なければならなくなった。これは EU 理事会が 2018 年 9 月に ETIAS 創設の規則を採択したことを受けた措置で，同様のシステムはすでにアメリカ（ESTA）やカナダ（eTA）などで導入されている。

2. 崩壊した壁，新たなる壁

　東西冷戦の象徴とされたベルリンの壁は1961年8月13日に建設され，四半世紀にわたり"自由な"往来ができない苦悩の時代が続いた。ベルリンの壁の建設開始当初に西ドイツへの亡命を果たした東ドイツ国境警備隊員のコンラート＝シューマンは，1986年，壁建設から25年の節目に「壁がそこにあることを，常に忘れてはならない」と言葉を残した。その3年後，1989年11月9日にベルリンの壁は崩壊し，まさに冷戦の終焉を象徴する出来事として，世界は一つに向かっていくはずだった。

写真1　ノルウェー・ロシア国境の小川
注意事項の看板と真新しい監視カメラが設置されていた。（2023年8月筆者撮影）

　しかし21世紀に入ってからも，朝鮮半島の「38度線」，イスラエルとパレスチナを隔てる「分離壁」などが残るばかりか，メキシコからの不法移民をはね返す「国境の壁」など，"壁"は増えるばかりである。ヨーロッパにおいては2014年に始まったロシアによるクリミア併合とその後の2022年2月24日のウクライナ侵攻（ウクライナ危機）は，両国間に限らず，周辺国，さらには世界的にも"自由な"移動を拒み，障害を及ぼしている。

　たとえばフィンランドはロシアとの国境に新たな"壁"を築くことになった。かつてロシアに支配された歴史をもつ同国は，第二次世界大戦後は中立的な立場を取ってきた。しかしウクライナ危機以降は北大西洋条約機構（以下，NATO）との協力を強化し，一層の軍事演習や情報共有が行われた。この動きは同国の安全保障を強化させたが，一方でロシアを刺激する結果ともなり，地域の緊張は増大した。両国は約1,340kmの国境を接しており，同国民の間ではロシアが軍事力を行使することへの不安が広がった。また同国内でもロシア系フィンランド人に対する偏見が高まることから，社会の分断を招くリスクも露呈した。

　フィンランドは2023年4月にNATO加盟を実現するとともに，その直前の2023年2月には東部のイマトラ市付近の国境に，高さ3mのフェンスと，50m間隔で監視カメラを設置し始めた。2026年までに200kmの"壁"の建設を予定している。各報道によると，フェンスはロシア軍の侵攻を防ぐことに役立つわけではなく，不法移民の越境を防ぐことによって，ロシアが仕掛けるハイブリッド戦争を抑止する狙いがあると報じている。

　筆者は2023年8月にノルウェーとロシアの国境地帯を10年ぶりに再訪した。北緯69度の北極圏にあるストルスコグ検問所（Storskog Border Station）手前のゲートは閉ざされ，往来は皆無。同所からバレンツ海へ向かって約30km進んだところにある幅20mほどの小川の国境には，真新しい監視カメラや注意事項を記した看板が設置されていた。晩夏から初秋へ向かうこの季節はサケが"自由に"遡上している。人間の愚かさを実感するものだ。

　前述のシューマンは「東ドイツにも，壁の崩壊を願う人々がまだいることを願っている」と続けている。再び繋がることを望んでいるノルウェー，フィンランド，ロシア国民は少なくないのではないだろうか。NHKによると2024年現在，世界には少なくとも78もの"壁"があり，総延長は地球一周と同じ4万kmにも及ぶという。ヨーロッパ分断の"壁"，世界中の分断の"壁"が，22世紀には負の遺産として廃墟と化していることを期待したい。一人一人のささやかな希望への営みが連鎖し，世界を動かしていくには長い歳月がかかりそうだ。

［内藤芳宏］

ヨーロッパ・ロシア⑥

日用品はEUのどこで買っても同じ価格なの？

1. 日用品の価格と付加価値税（VAT）

　EU加盟国では，単一市場の恩恵を受けて，商品の流通が比較的スムーズになった。これにより加盟国間で価格が均一化する傾向があるものの，国ごとにみると，所得水準，輸送コストに加えて，同じ国内でも地域による需要と供給のバランス，販売店競争などによって，個々の商品価格が異なることは当然である。したがって価格も物価も一律に比較はできないことを断ったうえで，ここでは市民の食料品の購入について触れることにする。

　EU加盟国では付加価値税（Value Added Tax；以下，VAT）の基本税率は加盟国ごとに異なるものの，「理事会指令2006/112」と呼ばれるEU指令（表1）を中心としてさまざまな項目が規定され，一定の原則が決められている。基本税率は15％以上の設定とされ，食品や医薬品などの特定商品に軽減税率が適用される場合もある。

　前述のように個々の商品の価格を比較することは困難であるが，たとえばJETROの資料によると，2023年7月から2024年1月の牛乳1リットルの平均価格は，パリでは1.14

表1　諸外国における付加価値税（VAT）の概要（2024年1月現在）

		EC指令	フランス	ドイツ	スウェーデン	イギリス
	施行年	1977年	1968年	1968年	1969年	1973年
	非課税対象	土地の譲渡（建物新築用地を除く）・賃貸，中古建物の譲渡，建物の賃貸，金融・保険，医療，教育，郵便，福祉等	土地の譲渡（建物新築用地を除く）・賃貸，中古建物の譲渡，建物の賃貸，金融・保険，医療，教育，郵便，福祉等	土地の譲渡・賃貸，建物の譲渡・賃貸，金融・保険，医療，教育，郵便，福祉等	土地の譲渡・賃貸，建物の譲渡・賃貸，金融・保険，医療，教育，郵便，福祉等	土地の譲渡（建物新築用地を除く）・賃貸，中古建物の譲渡，建物の賃貸，金融・保険，医療，教育，郵便，福祉等
税率	標準税率	15％以上	20％	19％	25％	20％
	ゼロ税率	食料品，水道水，新聞，雑誌，書籍，医薬品，医療機器，旅客輸送，太陽光パネル等	なし	太陽光パネル等	なし	食料品，水道水（家庭用），新聞，雑誌，書籍，国内旅客輸送，医薬品，居住用建物の建築（土地を含む），新築居住用建物の譲渡（土地を含む），障害者用機器等
	軽減税率	食料品，水道水，新聞，雑誌，書籍，医薬品，医療機器，旅客輸送，太陽光パネル等5％未満上記及び宿泊施設の利用，外食サービス，スポーツ観戦，映画等5％（2段階まで設定可能）	旅客輸送，宿泊施設の利用，外食サービス等10％食料品，水道水，書籍，スポーツ観戦，映画等5.5％新聞，雑誌，医薬品等2.1％	食料品，水道水，新聞，雑誌，書籍，旅客輸送，宿泊施設の利用，スポーツ観戦，映画等7％	食料品，宿泊施設の利用，外食サービス等12％新聞，雑誌，書籍，旅客輸送，スポーツ観戦等6％	家庭用燃料及び電用等5％

出所：JETRO資料をもとに作成.

ユーロ〜 2.27 ユーロ，ベルリンでは 0.99 ユーロ〜 2.00 ユーロであった。このように記すと，VAT の食料品に対する軽減税率をフランスは 5.5%，ドイツは 7% としている（表1）ことから，前者の価格が安くなるように思えるが，そう言い切れないことが見えてくる。しかし一旅行者としてヨーロッパ各国を歩けば，VAT の税率は気になるものだ。

2. イギリスの不思議な VAT 議論

　イギリスは，EU に加盟している時から，食料品に限らず日用品にはゼロ税率つまりVAT はかからない。しかし食料品の中にも 20% の標準税率が適用される場合がある。同国を訪ねた経験のある方は不思議に感じたことであろう。それは「温かい食料品」を買って持ち帰る場合は標準課税になることだ。たとえばフィッシュアンドチップスは，店内で食べようと持ち帰ろうと「温かい食料品」であるため，標準税率が適用される。

　2010 年に VAT 付加価値税制の改正において注目を浴びた食料品にパスティがある。これは肉やジャガイモなどの野菜を包んで焼いたパイであり，イギリス発祥の伝統的・国民的な食べ物といわれている。従前の法令の定義では「温かい食料品」とは「温かく食べることを目的として加温（保温）され続け，販売時点で気温より温度が高いもの」とされ，温かくして食べることが目的ではなく「衛生管理や見た目の向上」が目的のパスティはゼロ税率であったが，改正案では，加温目的を問わず販売時点で気温より高い温度のものはすべて「温かい食料品」として（パスティにも）標準税率を適用するとした。これに対し，製造者や消費者さらには議員団体からも抗議や批判が相次いだ結果，政府は事実上ゼロ税率が継続されるよう，法令案の修正に追い込まれた。修正案では，「温かい食料品」の定義として，販売時点で気温より高い温度であることに加え，注文に応じて温められていることや，温められた後その状態を保持していることなどの条件が追加された。

　またイギリスの VAT は贅沢品（奢侈品）に課税するとの考え方に基づき，ビスケットのような一般大衆が食するものはゼロ税率にするが，贅沢品であるチョコレートで包まれたチョコレートビスケットは VAT を 20% にしている。しかし，ビスケットの中にチョコレートが入っているとゼロ税率。チョコレートで包まれたのがビスケットではなくケーキであればゼロ税率。同国在住の筆者の教え子たちは，異口同音に「アフタヌーンティーの習慣があるためビスケットよりもケーキの方がより日常的（大衆的）な食べ物だとする言い訳かなぁ」と。誰が見てもチョコレートビスケットにしか見えないような商品がチョコレートケーキとして並んでいる。釈然としない不思議な税制だが，それもイギリスの文化に基づくものであろう。

　一方でイギリスは「知識に課税しない」という姿勢から，新聞や書籍などはゼロ税率だ。EU 加盟国でも書籍に限らず映画やスポーツ観戦を対象とした軽減税率を図っている。ストックホルム在住の教え子は「付加価値税が軽減されていても書物は日本に比べて価格が高い。だから図書館を積極的に利用する国民性があるようだ」と。書物は国民の知識を豊かにする上で必要不可欠だ。VAT を軽減し，情操教育を大切にする姿勢は，日本も手本にすべきではないだろうか。

［内藤芳宏］

ヨーロッパ・ロシア ⑦

ソ連からロシアに変わってどうなったのか？

　1991 年ソ連が崩壊し，新しくロシア連邦がうまれ，一党独裁体制から民選による大統領制へ，計画経済から市場経済へとこれまでの政治・経済体制が大きく変化し，世界情勢にも大きな変化をもたらした。ここでは，ソ連崩壊後のロシアと，かつてのソ連邦内の共和国やロシア連邦内の非ロシアの自治共和国の関係，およびウクライナ問題について，宗教政策や言語政策の視点から見ていく。

1. ソ連の誕生

　1917 年世界最初の社会主義国家がロシア革命によって生まれた。資本家や地主らによる搾取と圧政から解放されるために，人々は社会主義の理念に希望を抱いたのである。革命後権力を握ったソビエト（評議会を意味する）は，新しく成立したウクライナ，ベラルーシなどを加えた 15 の社会主義共和国と，一定の自治権をもつ 20 の自治共和国，8 つの自治州，10 の民族管区からなる「ソビエト社会主義共和国連邦」を 1922 年に結成した。それは世界の陸地面積の 6 分の 1 を占める世界最大の国家であった。

2. 最大の多民族国家

　ソ連国民の半数はロシア人だったが，他にも同じスラブ系のウクライナ・ベラルーシ人，ラテン系のモルドヴァ人，トルコ系のカザフ，ウズベク，キルギス，トルクメン，アゼルバイジャンやイラン系のタジクなどその他の少数民族を含めると 100 以上の民族を抱える，最大の多民族国家でもあった。ソビエト政府はこうした諸民族の平等や民族自決の原理を掲げ，特定の民族すなわちロシア人の優越性ではなく全人類的普遍性に基礎をおいた理念を，表向きは見せていた。一方でソビエト政府は宗教政策としては無神論を掲げ，ロシア正教はもちろん，エストニアやウクライナ西部で信者の多いカトリック，中央アジアに多いイスラム教などの教会やモスク，聖職者を弾圧した。

　言語政策の面では，建国当初は各共和国や自治区の自治を文化的に支えるとして各民族の言語の振興を図ったが，スターリン時代に各言語のキリル文字の使用化，ロシア語教育の義務化，さらに 1950 年代からはロシア語学校の普及が進められ，ソ連の共通語としてロシア語化が進められていくことになった。スラブ系のウクライナやベラルーシでは各言語と親和性の高いロシア語が国民の間で普及していくが，イスラム教徒の多い中央アジア諸国やロシアに対する抵抗感が強いバルト三国ではあまり受け入れられなかったように，地域差は生じた。一方，各共和国の首都や重要鉱山，工業地帯，軍需施設などを抱える都市には，ロシア人が移住することで，ロシア語が広がっていくことになった。各共和国において高度な職業に就くにはロシア語の知識が必須となり，豊かな生活を送るためには民族語に加えロシア語の知識が求められたことが窺い知れる。

3. ソ連の崩壊からウクライナ侵攻まで

　1991年ソ連は約70年の歴史を閉じることになる。その要因として，共産党による独裁体制，そしてその体制を支えに構築された社会主義経済体制の行き詰まりと経済不振が一般的にあげられるが，その他に見過ごせないのが民族問題である。ロシア人特有の各民族に対する「長兄」意識や，ソ連時代の非宗教化政策や連邦を構成する共和国間の経済力の差といったさまざまな要因が重なり，15の共和国がソビエトから分裂・独立し，ソ連は崩壊した。ソ連時代細々と命脈を保ってきたロシア正教もロシア人の精神的よりどころとして復活し，破壊された数々の教会も復興していった。

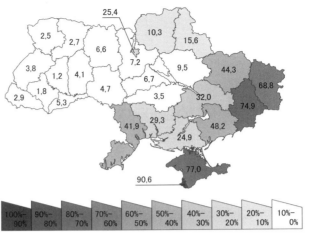

図1　ウクライナにおけるロシア語を母語とする人の割合（2001年国勢調査）
出所：21世紀構想研究会（2022）

　こうした中，新たに生まれたロシア連邦内の自治共和国においても独立の機運が生まれた。その例として，イスラム教徒の多い北カフカスのチェチェン共和国やカラチャイ・チェルケス共和国があげられる。特にチェチェンでは1991年と99年の2度にわたり紛争が勃発し，2度とも強大な軍事力を持つロシアによって押さえつけられた。

　一方，ロシア以外の連邦を構成していた共和国には約2,500万人の在外ロシア人が暮らしていた。特にロシア人が多かったのが，現在紛争中のウクライナ共和国である。中でもドネツ炭田やクリヴィーリフ鉄山を抱える東部地域や，黒海に突き出したクリミア（クリム）半島には，ソ連時代以前から大勢のロシア人が移り住んでいた。クリミア半島には地中海に通じ不凍港でもある軍港（セヴァストーポリ）があり，避寒地としてのリゾート地（ヤルタなど）が多くある。寒さの厳しいロシアにとっては重要な地であり，現在も住民の半数以上をロシア人が占めている（図1）。

　2014年ロシアはウクライナの領土であるクリミア半島を一方的に併合し，2022年には特別軍事作戦と称してウクライナに侵攻し，東部地域のロシア化を進めている。奇しくも1995年，当時のロシアの外相は「在外ロシア人の権利を守るためには軍事力の行使が必要」と発言していた。今日のプーチン政権においてもこの発言が受け継がれているといえるのではないだろうか。

［黒川仁紀］

[参考文献]

神戸新聞NEXT（2022）「なぜウクライナでは「ロシア語」が広く普及しているの？　ソ連時代の言語政策が背景に」2022年4月22日版．https://www.kobe-np.co.jp/rentoku/omoshiro/202204/0015228087.shtml

スラブ・ユーラシア研究センター（1999）「ソ連言語政策史再考」https://src-h.slav.hokudai.ac.jp/publictn/46/shiokawa/shiokawa1.html

認定NPO法人21世紀構想研究会（2022）「元ウクライナ大使が語るウクライナ戦争の深層（上）」

ヨーロッパ・ロシア ⑧

ウクライナ侵攻でヨーロッパのエネルギーはどうなったのか？

　ロシアがウクライナを侵攻したのは 2022 年 2 月 25 日。侵攻は 2024 年現在も続いている。これに対し，ヨーロッパ諸国は力による一方的な現状変更の試みであるとして，ロシアに対する大規模な経済制裁を導入し，経済・政治関係の見直しを進めている。

1. ロシアに依存していったヨーロッパのエネルギー

　ヨーロッパの多くの国ではウクライナ侵攻以前，ロシア産の石油・天然ガスの輸入への依存度を高めていた。その背景として，イギリスとノルウェーに存在する北海油田の産出量が 2000 年をピークに低下していることが挙げられる。同時に 2000 年は，ロシアにおいてプーチンが大統領に就任した年でもある。その後，一旦は首相となり大統領の地位を譲るが，2012 年から再び大統領に就任し，さらに任期延長が可能となるよう憲法改正をすすめ，その地位は 2024 年の今日まで続いている。

2. プーチン大統領による石油・天然ガスの輸出戦略

　1991 年のソ連崩壊に始まる国内の政治的・経済的混乱の中，旧ソ連時代の国営の石油・天然ガス関連企業は，オリガルヒとよばれる新興財閥に所有されてしまう。プーチンは大統領就任後，オリガルヒを懐柔し，時には強権を施し，こうした私企業の株式の 50％以上を国家が所有することでその経営権を奪取し，再び国営化していった。その代表的な企業が，石油ではロスネフチ，天然ガスではガスプロムである。

　世界 6 位の石油埋蔵量（2020 年）と世界最大の天然ガスの埋蔵量（2020 年）を抱えるロシアは，石油・天然ガスといったエネルギー資源を周辺国に輸出することで経済的混乱を解消していくことに成功する。そして最大の売り込み先が，衰退する北海油田を抱えるヨーロッパ諸国すなわち EU だった。EU が輸入した化石燃料のうち，天然ガスでは 20％（2022 年 1 月）程度，石油では 28％（同）程度がロシアからのものである（図 1）。とりわけ EU 最大の需要国ドイツとは，2012 年にバルト海海底パイプライン「ノルドストリーム」，2021 年には「ノルドストリーム 2」（2022 年 9 月に何者かが破壊）が完成。南ヨーロッパ諸国向けには，黒海海底を通る「トルコストリーム」を 2019 年に完成させた。

　話は前後するが，ロシアにとってもう一つ幸運だったのは，2000 年から石油の国際価格が中国の経済成長による需要増などと相まって上昇したことである。これにより，混乱していたロシアの経済は一気に安定し，ロシア国民の生活満足度も上昇を続け，このことが今日までプーチン大統領が国民から支持される要因の一つとなっている。

3. ウクライナ侵攻でヨーロッパのエネルギーはどうなったか

　長引くウクライナ侵攻により，アメリカを中心とする G7 はロシアに対して経済制裁を段階的に課していくことになる。EU もこれに同調し，エネルギー関連に限ると，ロシア産石油と石油製品の禁輸が 2022 年 6 月から実施された（ハンガリーなど一部東欧諸国を除

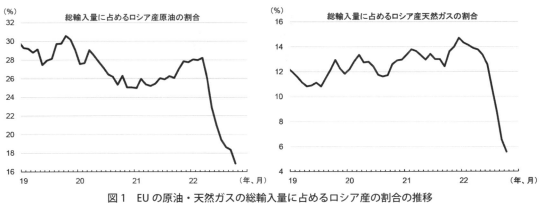

図1　EUの原油・天然ガスの総輸入量に占めるロシア産の割合の推移
出所：土田陽介（2023）

く）。天然ガスの禁輸措置については合意に達していないが，ロシアはその他数々の経済・金融制裁に対する報復措置として，天然ガス代金のルーブル支払いの強制と供給の絞り込みにかかっている。

その結果，ロシア産の原油のシェアは18％（2022年10月），天然ガスのシェアは5.6％（同）まで低下した（図1）。このためEU諸国ではエネルギーをはじめとする消費者物価が高騰し，激しいインフレに見舞われることになった（現在は沈静化している）。さらに2027年にはすべてのロシア産化石燃料を禁輸する計画である。一方，2011年の福島原発事故を契機にドイツでは脱原発へと舵を切ったが，エネルギーの安全保障の観点から，原発の建設もEU諸国の一部の国で進められていくことになった。

ロシアからの石油・天然ガスの供給が減少する一方，その穴埋めに寄与するのが，アメリカ産の石油・天然ガスである。2010年から始まるシェール革命は，アメリカ産の石油・天然ガスを飛躍的に増産させた。シェール産業が集中するのはアメリカ中部のテキサス州やルイジアナ州で，国内での適当な輸送先が限定されることから，海外への輸出が検討されていた。そんな折に起きたのがウクライナ侵攻だ。その結果，2022年のアメリカの原油輸出量は，イギリス・ドイツ・イタリア向けで前年比30％増，フランス・スペイン向けは40％増となった。

アメリカからの天然ガスはロシアからと違いパイプラインでの供給は不可能なため，LNGとして輸送されることになる。先にあげた国の中にドイツが含まれていないのは，LNGを受け入れる基地が少ないからである。現在ドイツでは急ピッチで6基のLNG再ガス化基地と貯蔵施設の建設が北海洋上で進められている。一方で，ロシア産の石油・天然ガスの輸入を増やしているのは，人口大国の中国とインドである。ロシアのウクライナ侵攻により，エネルギー資源の需給地図は大きく塗り替えられることになった。

［黒川仁紀］

［参考文献］

土田陽介（2023）「EUにおける化石燃料の『脱ロシア化の進捗状況』」MUFG経済レポート，2023年2月8日版．https://www.murc.jp/wp-content/uploads/2023/02/report_230208_01.pdf

高橋雅英（2023）「石油・ガス輸出国としてのアメリカ－米欧エネルギー協力の進展－」笹川平和財団国際情報ネットワーク分析IINA，2023年7月24日版．https://www.spf.org/iina/articles/takahashi_02.html

北アメリカ①

アメリカの工業は世界最大なのか？

1. 世界の中のアメリカの工業

アメリカは19世紀末に，イギリス，ドイツを抜いて工業生産が世界最大になった。これ以降，アメリカはほぼ1世紀にわたって世界最大の地位を誇っていた。今日においても，アメリカの工業は世界最大なのか。

図1のグラフは1990年以降の主要国の工業付加価値額（名目値）を示している。2010年にはアメリカは中国に抜かれており，ここ最近においては中国がアメリカの2倍に迫るものとなっている。かつては世界一を誇り，1980年代から1990年代にかけて日本と世界一を競っていた自動車の生産台数は，2023年でアメリカが1,061万台に対して，中国は3,016万台であった。また，半導体の生産においても，出荷の国・地域別シェア（2020年）では，アメリカが51％，韓国18％，日本10％であるが，生産能力の国別シェア（2022年）では，韓国23％，台湾21％，中国16％，日本15％，アメリカ11％となっている。

2. サンベルトとラストベルト

アメリカの北緯37度以南の地域（大西洋岸のバージニア，ノースカロライナ，太平洋岸のカリフォルニアより南の地域）は「サンベルト」とよばれる。地価が安いこと，広い土地が得られること，低賃金労働力を確保しやすいこと，温暖な気候などから，1970年代以降に石油化学工業，電子産業，航空宇宙産業などさまざまな工場が進出した。サンベルトの東半分の人口は全米人口の約3分の1を占める。

サンベルトの経済的な繁栄はその地域全体にみられるわけではなく，大都市に限られている（金融業の盛んなノースカロライナ州のシャーロット，CNNやコカ・コーラの本社のあるジョージア州のアトランタなど）。また，企業の流出を防いだり，企業を誘致したりするために最低賃金を低く抑える，法人税を減らすもしくは課税しないなどの政策を実施している州もある。ルイジアナ州は個人所得の中央値が全米50州中49位，ミシシッピ州は人口の20％以上が貧困状態にある。

アメリカのスタートアップ企業の拠点としては，カリフォルニア州のシリコンバレーが知られている。しかし近年は，地価や物価の上昇などを受けて税金や生活費の安い都市にシフトするケースも見

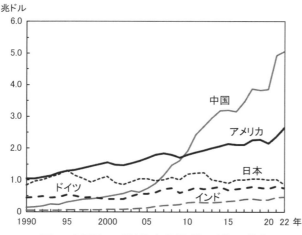

図1 主要国の工業付加価値額（名目値）の推移
注：中国の2003年以前は鉱業・エネルギー等を含む。
出所：国連「National Accounts Main Aggregates Database」（https://unstats.un.org/unsd/nationalaccount/ 2025年1月14日閲覧）より作成。

られる。テキサス州のオースティンには，スマートシティやインフラを手がけるスタートアップ企業やデジタル医療のユニコーン（企業価値が10億ドル以上の未上場企業）が拠点を置いている。フロリダ州のマイアミは，ニューヨークと時差を気にせずに仕事ができること，取引の際に中南米に近いことが利点で，ブロックチェーン（分散型台帳）技術の企業や暗号資産の企業に注目されている都市である。

　一方，アメリカの北東部（ニューイングランドから中部大西洋岸）や中西部（アパラチア山脈北部から五大湖）は，19世紀末から20世紀初頭にかけて工業地域が拡大した場所である。「ラストベルト（錆びついた地帯）」と呼ばれるこれらの地域では，1960年以降に製造業，とりわけ重工業が縮小した（「スノーベルト」，「フロストベルト」ともよばれる）。

　かつての主要産業が衰退したラストベルトにおいても，産業構造の転換や都市の再開発を進め，企業の誘致を推進した都市もある。自動車産業で知られているミシガン州のデトロイトは，ICTソリューションの企業や電気自動車・自動運転車の開発によってハイテク・ハブへの転換を進めている。鉄鋼業とともに発展したペンシルベニア州のピッツバーグは，コンピュータ科学やロボット工学，医療などの知識や技術を活用した新産業の育成に成功している。イリノイ州のシカゴは，食品や農業機械・建設機械の工業，鉄鋼業で知られているが，近年は都市を再開発して観光産業の振興にも力を入れている。

　新型コロナウイルス感染症（COVID-19）の流行によって世界経済は大打撃を受けた。アメリカでの製造業の雇用は2020年4月に全米平均で10%減少し，とりわけラストベルトで急落し，ミシガン州で30%，オハイオ州で14%減少した。これが2020年の大統領選挙に影響を与えた。ラストベルトの3州（ペンシルベニア州，ミシガン州，ウィスコンシン州）では2016年の共和党（トランプ元大統領）の勝利をひっくり返して民主党（バイデン元大統領）が勝利した。2024年の大統領選挙でも，激戦州とされたこれらの州の勝敗が選挙結果のカギを握るとして，民主党（ハリス氏）と共和党（トランプ氏）が支持を競った結果，トランプ氏が再選された。

3．アメリカの軍需産業

　2022年2月からロシアによるウクライナ侵攻が起こり，2023年10月から中東情勢は緊迫度を増している。世界の防衛企業の売上高ランキング（ストックホルム国際平和研究所調べ）のアメリカとヨーロッパの上位10社のうち，ボーイング社とエアバス社を除く大手8社の2024年の設備投資は1.5兆円と最高額になる見通しである。大手8社のうちロッキード・マーチン社は，地対空誘導弾パトリオットミサイルの弾薬の生産能力を2027年に2024年の3割増の650発まで高めるとしている。世界情勢とともにこれらの企業の今後の動向にも注目していきたい。

[菅澤雄大]

[参考文献]

太田耕史郎（2019）『ラストベルト都市の産業と産業政策—地方都市復活への教訓—』勁草書房.

ジェームズM. バーダマン著／森本豊富訳（2020）『地図で読むアメリカ』朝日新聞出版.

日経産業新聞「ポスト・シリコンバレーどこに？」2022年7月27日朝刊.

日本経済新聞「米欧軍需。設備投資最高に」2024年8月29日朝刊.

北アメリカ②

アメリカはどんな農産物を輸出しているのか？

1. アメリカの農業

　アメリカは農産物の世界最大の輸出国である。2022年のアメリカの農産物・食品輸出額は1,960億ドルで世界第1位であり、穀物や畜産物相場の高騰を受けて過去最高額を記録した。

　アメリカは農産物では何を輸出しているのか。輸出量が世界第1位（2022年）の農産物は、とうもろこし（5,860万トン）と綿花（345万トン）であった。世界第2位の農産物は小麦（2,092万トン、オーストラリアに次ぐ）、大豆（5,733万トン、ブラジルに次ぐ）、牛肉（114万トン、ブラジルに次ぐ）、鶏肉（375万トン、ブラジルに次ぐ）、豚肉（238万トン、スペインに次ぐ）であった。そのほか、えんどう豆、オレンジ、りんごの輸出量も多かった（FAOSTAT）。

　これらの農産物を生産するアメリカの農業は、大規模経営による労働生産性の高さが特徴である。2022年のアメリカの農家数は190万戸、一戸あたりの耕地面積の平均は約185haである。日本の一戸あたりの耕地面積（2022年）の3.3ha（北海道平均で33.1ha）と比べても大規模である。さらに、200haより大きな農家は全体の約15％、800haを超える大規模農家は全体の約4％を占めている（アメリカ農務省USDA）。

　アメリカの農業地域は、その土地の自然条件や社会条件に適した作物を栽培することで形成されてきた。農業地域の分布は、年降水量500mの等値線がほぼ沿っている西経100度を境に東と西で大きく異なっている。西経100度の経線の東側が相対的に雨の多い地域で主に畑作が、西側が雨の少ない乾燥地域で放牧や灌漑農業が行われている。

　東部地域の畑作は、南から北にかけて、気温や土壌の変化にあわせて栽培する作物が異なっている。ジョージア州やアラバマ州、ミシシッピ州などの南部の温暖な地域には綿花地帯が広がる。これは、イギリスの綿工業の原料供給地として黒人奴隷が綿花生産に関わった場所でもある。中西部のプレーリーには肥沃な土壌があり、アイオワ州やイリノイ州などのとうもろこし地帯（ここで大豆も生産される）、カンザス州・オクラホマ州・コロラド州の冬小麦、ノースダコタ州・サウスダコタ州・モンタナ州の春小麦の生産地域が

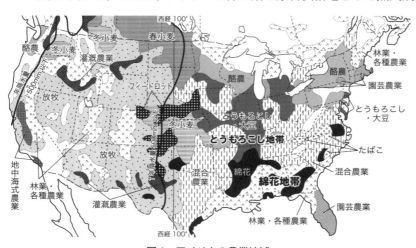

図1　アメリカの農業地域
出所：『Goode's World Atlas』ほかより作成。

広がる。北東部のニューイングランド地方は大都市に近く，冷涼な気候で，氷食を受けたやせた土地のため酪農が行われる。

西経100度以西の乾燥地域では，グレートプレーンズを中心に放牧が行われている。肉牛の生産は繁殖，フィードロットでの肥育，加工の部門にわかれて行われている。センターピボットの灌漑農業で生産される家畜飼料が肥育に用いられている。カリフォルニア州では地中海性気候を活かしたぶどうの栽培が盛んである（地中海式農業）。

2. 灌漑農業による地下水の枯渇と土壌侵食

先に述べたように，西経100度より西側は乾燥地域で放牧が行われているが，グレートプレーンズでは1960年以降，灌漑農業が行われるようになった。雨の少ないコロラド州からネブラスカ州，テキサス州で，センターピボットを用いて家畜飼料などが大規模に生産されている。この水源がオガララ帯水層に含まれる地下水である。オガララ帯水層はロッキー山脈の雪解け水が何千年もの間に蓄えた巨大な地下水脈で，その地下水の大部分は氷期に蓄えられたものとされている。これからも灌漑農業で地下水を使い続けると，2050年から2070年に枯渇する可能性が指摘されている。

かつての草原や原野を農地にしたことで表土があらわになり，土壌侵食が起こっているところもある。とうもろこし地帯や春小麦地域では雨などの地表を流れる水によって，土壌が流出している。また，グレートプレーンズでは風によって土壌が失われている。1920年代から1930年代の干ばつの影響で，1935年から1936年に「ダストボウル」が発生した。グレートプレーンズでは砂の嵐となって土壌が吹き飛ばされて，農業に深刻な影響を与えた。その結果，1985年からCPR（土壌保全留保計画）が導入されて，農地保全政策が行われている。最近では，気候変動によって高温や干ばつが発生しやすくなることが懸念され，農家は土壌の水分維持や炭素貯蔵などに役立つ不耕起栽培を補助金がなくても自発的・積極的に取り組んでいる。

3. 穀物メジャー

アメリカの穀物メジャーとして，カーギル社，アーチャー・ダニエルズ・ミッドランド（ADM）社，ブンゲ社の3社が近年の穀物流通に影響力をもっている。その中でも，カーギル社はロシアによるウクライナ侵攻以降もウクライナとロシアで事業を続けている。農業大国で「欧州のパンかご」ともよばれるこの2カ国を合わせると，小麦では世界の輸出量の3割弱，とうもろこしでは2割弱を占めていた。2022年のウクライナ侵攻により穀物供給の懸念が強まる中で，カーギル社はウクライナからの穀物輸送を止めなかった。またロシア国内での小麦や飼料などの生産も続けている。最近では，水産事業への参入や植物肉といった新たな食肉事業の展開も行い，食糧業界の再編が進められている。

［菅澤雄大］

［参考文献］
帝国書院編集部 編（2013）『詳細資料 地理の研究』帝国書院.
『ナショナルジオグラフィック日本版』2016年8月号，日経ナショナルジオグラフィック社.
日本経済新聞（2022）「穀物の供給懸念強まる」2022年3月5日付朝刊.

北アメリカ③

「民族のサラダボウル」とは何か？

1. 移民の国アメリカ

1776年の「アメリカ独立宣言」は，アメリカの現在の人口3億3,700万人（2024年）のうち，10分の1の人口にも満たない東部13州の独立を宣言したものである。移民国家アメリカは，20世紀末までWASP（White, Anglo-Saxon, Protestant；ヨーロッパ系のアングロサクソンでプロテスタントを信仰する人々）を中心につくられてきたと言われる。19世紀半ばまで，アフリカ系の人々は奴隷，中国系の人々は苦力（出稼ぎ労働者）としており，為政者は白人であった。1910年代までヨーロッパ系白人が移民の大半を占めており，自由の女神とその台座に刻まれたラザラスの移民歓迎の言葉は白人のためのものだった。第二次世界大戦後は非白人が増加し，1990年代からは19世紀にみられた移民数以上の大量移民がラテンアメリカやアジアなどから流入している。

現在もアメリカは世界から移民を受け入れて発展している移民国家である。近年はインド人や中国人などが増加しており，21世紀半ばにはアジア系の人々がアメリカの最大多数となると予測する見解もある。

2. 坩堝からサラダボウルへ

「坩堝」がアメリカ社会の特徴として広まったのは，ユダヤ人作家イズラエル・ザングウィルの戯曲『Melting Pot』（1908年初演）の発表以降だといわれる。この作品では，アメリカ社会を「ヨーロッパのあらゆる民族が融け合い，再形成される偉大な坩堝」と表現している。また，『アメリカ史におけるフロンティアの意義』（1893年）で知られるフレデリック・J・ターナーも「フロンティアの坩堝のなかで，移民はアメリカ化され，解放され，国民性もイギリス人とは異なった人種へと融合されていった」と主張した。

しかし，近年は「Melting Pot（人種のるつぼ）」とは言わなくなった。それは，多文化主義という考えが社会に浸透し，融け合っているわけではない，融け合うことはない，などと考えるようになったからだといわれる。

「人種のるつぼ」の代わりに登場したのが「民族のサラダボウル」という表現だ。さまざまな野菜がボウルのなかで（融けずに）混ざり合っている，さまざまなものが原型を保ちながら混じって全体ができている，といった意味合いで，さまざまな文化をもつ人々がその文化を各々保ちながらアメリカ社会を形成している，という状況を喩えた言葉である。

「民族のサラダボウル」はニューヨークやロサンゼルス（カリフォルニア州）などで顕著にみられる。表1にアメリカ全体およびニューヨーク市・カ

表1　民族構成の割合（2020年）

	アメリカ全体	ニューヨーク市	カリフォルニア州
白人	57.8%	30.9%	36.5%
ヒスパニック	18.7%	28.3%	39.4%
黒人	12.1%	20.2%	6.5%
アジア系	6.1%	15.6%	15.5%

注：数値は小数第1位までを四捨五入により示しており，さらに「その他」を示していないことで，アメリカ全体・ニューヨーク市・カリフォルニア州のそれぞれの数値を足しても100にはならない。
出所：アメリカ国勢調査局調査資料など。

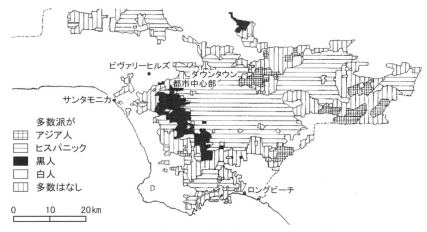

図1　ロサンゼルスのセグリゲーション（2000年）
UCLA Lewis Center 資料より海東達也作成．
出所：地理教育研究会編（2019）『新版 地理授業で使いたい教材資料』清水書院，p.24.

リフォルニア州それぞれの民族構成を示した。ニューヨークではユダヤ人街＝ゲットー，イタリア人街＝リトルイタリー，中華街＝チャイナタウンなど，民族や出身地などによって集住地域が形成されており，このような状況はセグリゲーション（棲み分け）といわれる（図1）。

　1990年代にはニューヨークで，スラムの再開発などによりジェントリフィケーション（富裕層の流入で地価が上昇して住環境が高級化すること）がみられ，低所得者層は郊外に移住した。近年のニューヨークの住宅価格は世界最高クラスであり，Smart Asset の調査（2023年）によると，単身者が市内で快適に暮らすには13万8,570ドル（約2,000万円）の年収が必要だという。100万ドル以上の投資可能資産を持つ富裕層が最多の都市は数年連続でニューヨークであり，34万人（2023年，10年前比40％増加）が居住する（2位の東京は29万人で5％減少）。さらに，10億ドル以上の資産家でもニューヨーク市は世界最多である。ちなみに，マクドナルドのハンバーガーの価格で比較すると，マンハッタンの中心街の店ではハンバーガー単品で4.29ドル（622円）であり，東京の3.66倍である（2024年8月時点）。マクドナルドの時給は20ドル（2,900円）を超える。東京都の最低賃金は1,163円で（2024年），ニューヨークの半分以下である。

　カリフォルニア州ではトランプ大統領が「アメリカファースト」を掲げることに市民が反発し，カリフォルニア州独立の声が高まったこともあった。この州は全米一の経済力を持つ。2023年の名目GDPは3.9兆ドルで，世界5位のインド（3.6兆ドル）を超え，日本（4.2兆ドル）やドイツ（4.5兆ドル）に迫る勢いである。あらゆる産業でアメリカのトップをひた走るカリフォルニア州，その原動力は世界中からやって来た移民からなる多民族社会である。インド・中国・ロシアなどから優秀な人材が流入している。

　シリコンバレーの先端技術産業では，世界各地からの頭脳流出により集まった人材によってイノベーションが持続可能となった。2020年代に入り，フロリダ州のネオシティーには研究拠点都市として世界中から投資が集まっている。アメリカ社会の強みは世界各地からの移民と投資によってもたらされており，それは今後も変わらない。

［三堀潔貴］

北アメリカ④

アメリカのプロスポーツが世界に及ぼす影響とは？

1. スポーツは差別をどう乗り越えてきたか

アメリカのスポーツを民族の視点で見てみると，差別問題がより鮮明になる。スポーツの近代化はアメリカ資本主義の発展と密接に関係している。アメリカ四大スポーツのベースボール，アメリカンフットボール，バスケットボール，アイスホッケーの中で，前三者はアメリカで考案され，近代以降のアイスホッケーはカナダで生まれた（諸説あり）。

ベースボールは 1839 年ころにニューヨーク州にある町クーパーズタウンで誕生したといわれる。さらに 1845 年にニューヨークのニッカーボッカー・ベースボールクラブが競技規則を整備した。南北戦争後の 1869 年に最初のプロチームであるシンシナティ・レッズが創設され，1876 年にはプロリーグのナショナル・リーグが結成された。

アメリカ社会最大の課題は建国以来，民族問題であった。公共施設における民族隔離を定めた「ジム・クロウ法」と呼ばれる法律では，「分離すれども平等」という論理で，空間隔離が合法化されていた。第二次世界大戦後に「ジム・クロウ法」は廃止されたが，これにはスポーツが先駆的役割を果たした。陸上短距離のジェシー・オーエンスのベルリン・オリンピックでの活躍（金メダルを 4 種目で獲得）は，ナチスの民族差別を否定する役割を担ったが，民族差別の壁は破れなかった。戦前からニグロリーグベースボールは高いレベルにあった。1947 年，メジャーリーグのブルックリン・ドジャースのジャッキー・ロビンソンが新人王に輝くことで，白人側が黒人の能力を認め，自発的に差別を撤廃した。アメリカ型競技で能力主義が拡大し，民主的精神が浸透する役割を担った。

1950 年代から 1960 年代に起こった，アメリカでの黒人の，白人と同等の権利・自由・平等を目指す運動を公民権運動という。この運動の高まりはマーティン・ルーサー・キング牧師の登場からであった。スポーツ界ではモハメド・アリのベトナム戦争反対から，徴兵を拒否して有罪となるなどの行動が目立っていた。

さらに 1968 年，メキシコ・オリンピックでの陸上競技 200m で，1 位のトミー・スミスと 3 位のジョン・カーロスによる「ブラックパワー・サリュート」（黒い手袋をはめて表彰台で拳を突き上げて，世界に民族差別反対を示す行動）がみられた。2 位のオーストラリア人ピーター・ノーマンも民族差別反対運動のワッペンを付けていた。IOC（国際オリンピック委員会）は直後に，オリンピック憲章に違反する政治的行為として，スミスとカーロスをオリンピックから追放した。しかし，彼らはその後に幾多の苦労を乗り越え，陸上界での指導者や大学教員となるなど活躍した。彼らの母校カリフォルニア州立大学サンノゼ校には記念像も作られた。一方，オーストラリア人のノーマンはその後，表舞台で活躍する機会はなかった。

2024 年のパリオリンピックで，アフガニスタンの選手団はタリバンの旗ではなく旧政権時代の国旗を掲げて入場した。このパフォーマンスは約半世紀前の「ブラックパワー・サリュート」を彷彿とされた。

2. 世界中から選手が集まる MLB

1950年代後半，ニューヨークの2球団がカリフォルニアに本拠地を移転した。ロサンゼルスにドジャース，サンフランシスコにジャイアンツが移転した。これはまさに，カリフォルニアがアメリカの主役になることを暗示していた。1980年代には中南米からの移民が増加し，ヒスパニックやラティーノと呼ばれるスペイン語系の人々が多数となった。これに呼応してMLB（メジャーリーグベースボール）の外国人選手はラテンアメリカから増加し，さらにアジアからも流入した。MLBは観客動員，各国からの放映権料収入などビジネス面から外国人選手を必要と考えた。この傾向はバスケットボールにも拡大している。

表1　2024年のMLB外国人選手の人数

国名	人数（人）	国名	人数（人）
ドミニカ共和国	108	日本	10
ベネズエラ	58	コロンビア・パナマ	各5
キューバ	18	キュラソー	4
プエルトリコ	17	韓国	3
カナダ	13	オーストラリア	2
メキシコ	12	その他（7カ国・地域）	各1

注：MLB登録選手949人，うち外国籍264人．
出所：WBSC 2024年4月2日付記事

2017年のセントラルフロリダ大学の調査によれば，MLBの選手の人種構成は，白人57.5%，ラテン系31.9%，黒人7.7%，アジア系1.9%である。アメリカンフットボールやバスケットボールでは黒人選手が半数以上であることと比較すると，メジャーリーグはアメリカ社会をより反映しているともいえる。

1990年代，野茂英雄に始まる日本人メジャーリーガーの増加は目覚ましい。2018年，ロサンゼルス・エンゼルスに移籍した大谷翔平はピッチャーとバッターの「二刀流」の選手として，ベーブルース以来の活躍ぶりである。大谷は2023年12月，スポーツ史上最高額の10年総額7億ドル（約1,015億円）でロサンゼルス・ドジャースに移籍し，世界最高のスポーツ選手といわれている。

3.「スポーツ・ウォッシング」と日本人選手

アメリカの政治学者ジュールズ・ボイコフが提唱する「スポーツ・ウォッシング」という考え方がある。たとえば，古代ローマ帝国の時代，市民に「パンとサーカス」を提供して為政者への不満をそらしてきたことが代表的であり，ローマ市内の競技場「コロッセオ」での剣闘士の闘いに沸く人々の姿などに対するとらえ方である。

日本は優れたスポーツ選手を「輸出」するようになった。"失われた30年"の日本経済の低迷感を吹き飛ばす起爆剤として期待されている。かつてアメリカなど世界中の市場を圧倒した「メイド・イン・ジャパン」の工業製品は，日本人アスリートに代わった。野球だけではなくサッカー，バレーボール，バスケットボールなども同じ傾向である。いまではサッカー日本代表の試合で，出場選手のすべてがヨーロッパのチームに所属していることが珍しくない。

「『スシとアニメとショーヘイ・オータニ』が，現代日本が誇る『三種の神器』になったのだ。」（内野，2024，p.97）

［三堀潔貴］

［参考文献］
内野宗治（2024）『大谷翔平の社会学』扶桑社．

北アメリカ ⑤

存在感を増すアメリカの多国籍企業とは？

1. 世界企業トップ5はどう変わったか

下の表は，売上高でみた世界の企業ランキングの1位から5位を示している。表のA・Bは2012年，2022年いずれかのデータである。2022年はどちらだろうか。

表1　世界の企業ランキング（1〜5位）

順位	A年 社名	業種	売上高（百万ドル）	B年 社名	業種	売上高（百万ドル）
1	Walmart	小売	611,289	Royal Dutch Shell	石油精製	481,700
2	Saudi Aramco	鉱物・粗油精製	603,651	Wal-Mart Stores	大規模小売	469,162
3	State Grid	電力配送	530,009	Exxon Mobil	石油精製	449,886
4	Amazon.com	インターネットサービス・小売	513,983	Sinopec	石油精製	428,167
5	China National Petroleum	石油精製	483,019	China National Petroleum	石油・天然ガス	408,630

出所：『地理統計要覧』（二宮書店）2014年版，2024年版より作成。

正解はAである。2012年は石油メジャーと呼ばれる大企業などが目立っていたが，2022年になると石油関連の企業以外もトップ5に入っていることがわかる。4位はいわずと知れたGAFAの一角を占めるAmazon.comである。なお，これらの企業は，多くの国や地域で生産や販売を行う系列会社をもつ多国籍企業として知られている。

2.「サンベルト」の発展と新しい産業の展開

アメリカにおいて北緯37度線以南のカリフォルニア州からフロリダ州にかけての地域は，第二次世界大戦のころから航空機産業や軍事産業が発展していた。北緯37度以南の「サンベルト」と呼ばれる地域では，コンピュータ関連産業や大学などの研究機関が集積することで知られるカリフォルニア州シリコンバレーが特に有名である。シリコンチップは半導体の原料であり，サンノゼ郊外のベイエリア一帯には名だたる有名企業がその本拠地をおいている。GAFAのうちAmazonを除くGoogle，Apple，Facebook（2021年にMetaに社名変更）はその代表的企業である。新たな技術や高度な知識をベースに企業したスタートアップ企業であるGAFAは，世界的な企業へと急成長をとげた。

ICT企業は，AI（人工知能）に対応するデータセンターを安定的に稼働させるための電力をどのように確保しようとしているのだろうか。Amazonは小型原子力発電への5億ドル以上の投資を表明した。AIの活用に必要な電力を小型原発から供給する背景には，世界的な大企業が表明する脱炭素の潮流に乗り遅れないようにしようとする経営判断があるものと予想できるが，原発事故の発生時におけるさまざまな課題が払拭できていないことは周知の事実である。小型原発の商用化については今後も注視が必要であろう。

3. GAFA最大の売上高：「Amazon」の成長とその課題

Amazonの創業者ジェフ・ベゾスが創業の地として選んだのは，流域面積世界最大を誇

るアマゾン川が流れるブラジルの都市ではない。シリコンバレーから飛行機に乗って1時間半ほどで移動できるワシントン州のシアトルである。コーヒーチェーンのスターバックスもこの地に本社を置いていることで知られる。

ベゾスがシアトルで起業した理由は，マイクロソフトやボーイングの本社が位置しており技術者のヘッドハンティングが容易であったこと，大型空港が都市部にあり物流の面で優位性があることとともに，書籍取次会社の物流センターがあったことがあげられる。

写真1　Amazonの物流センター（神奈川県川崎市）
（2023年5月筆者撮影）

2000年代初頭の日本国内では，Amazonはインターネット上で書籍を購入できる企業として認識されていた。ベゾスが書籍の通信販売に目を付けたのは，サイト上で約150万冊の検索が可能であったこととともに，どこで購入しても品質が同じであることが理由である。

当時からベゾスは，企業とメーカーをインターネットでつなぎ，あらゆる商品を販売することを目標としていた。AからZを矢印がつないでいるAmazonのロゴマークには，「エブリシングストア」を目標としていたベゾスの思いが込められている。

2003年には「マーケット・プレイス」というサービスを開始し，一般の出品者が手数料を負担した上でAmazonの物流センターに商品をまとめて提供し，ネット上で商品を売ることができるようになった。有料会員制プログラムの「アマゾン・プライム」は2005年にスタートし，映画やドラマ見放題などの特典が注目され，2020年には会員数は1億5,000万人を突破した。

消費者に確実に商品を届ける上で，物流面での充実は欠かせない。写真1は神奈川県川崎市の物流センターであり，多摩川右岸の工場跡地に整備された。ロボットが作業員の前まで商品が入る棚を運び，出荷作業は徹底的に効率化されている。

Amazonにとってコロナ禍は追い風となり，ネット通販を牽引する企業となった。その陰で，フリーランスの配達員が過酷な労働環境のなかで業務をこなしている状況が，労働基準監督署により配達中のけがが労災として認められたことで明るみに出た。「AIに宅配ルートを決められ，トイレに行く時間も無い」（朝日新聞2023年10月5日付）という配達員の労働条件の改善は急務である。

近年，中国ではBATH（バイドゥ Baidu，アリババ Alibaba，テンセント Tencent，ファーウェイ Huawei のICT関連企業4社の総称）が急成長を遂げており，GAFAの好敵手として注目されはじめている。アメリカと中国との熾烈な争いは，ICT産業においても今後繰り広げられていくだろう。

［武田竜一］

［参考文献］
山根　節・牟田陽子（2022）『なぜ日本からGAFAは生まれないのか』光文社新書.

北アメリカ⑥

メキシコとの国境に壁が作られたのはなぜか？

1. アメリカ合衆国の国境

　地図帳でアメリカの国境を確認してみよう。アメリカ南部では，本土とメキシコの間にリオグランデ川が位置しており，その流路が国境線と重なっていることがわかる。一方で，北部に目を転じると，カナダとの国境線の一部は直線状になっている。

　世界各地の国境線は，河川や山脈などの地形を境界線とするケースと，緯線・経線や人工的な障壁を境界線とするものに大別される。前者は自然的国境とよばれ，アメリカ南部のリオグランデ川はそれにあたる。後者は人為的国境とよばれ，アメリカ北部の北緯49度線に重なる個所はその好例といえる。両国の国境には人々の移動を妨げるフェンスは設けられておらず，たとえば，アメリカのシアトルとカナダのヴァンクーヴァーでは国境線をまたいだ住民同士の交流がみられる。

2. 移民がつくりあげた国家

　現在，アメリカで暮らす国民のほとんどが，「新大陸」に自由を求めて移住してきた人々の子孫である。1776年にトマス・ジェファーソンによって起草されたアメリカ独立宣言の一節には「すべての人は平等に造られ，造化の神によって，一定の譲ることのできない権利が与えられている」とある。ここでいう「すべての人」とはWASPを意味しており，ネイティブアメリカン（先住民）やアフリカから強制的に連行されてきた奴隷など，ここには含まれていない人々も存在する。

　そもそも「新大陸」という呼び名には，「大航海時代」のヨーロッパ人にとって未知の世界であったというニュアンスが含まれる。かつての中学校社会科の歴史的分野の教科書では，コロンブスの西インド諸島への上陸を新大陸の地理上の「発見」と表記していたが，現在発行されている同教科書では，コロンブスの「到達」という表現が多く採用されている。

　アメリカの移民受け入れの傾向をみると，以下のような特徴があった。1880年代から1920年代には，ヨーロッパ系の移民が多く流入した。19世紀の半ばには，アイルランドを支配していたイギリス政府のずさんな対応が露呈した「ジャガイモ飢饉」を背景としてアイルランド人が，20世紀のはじめにはユダヤ人への迫害がもとで旧ソ連（ロシア）や東ヨーロッパ諸国からの移民が増加した。一方，20世紀の末に入ると，アジアや中南米からの移民が目立つようになっていった。

　英語を話さない非ヨーロッパ系の移民の増加は，アメリカで主導権をにぎるWASPの不安をかき立てた。1882年には移民法の改正によって中国人の移住を禁じた。また1907年には協定を設けて日本移民の入国制限を行った。さらに1917年の移民法改正により，英語のリテラシーをもたない移民を排除するための識字テストが導入されるに至った。1986年には移民改革統制法が成立し，流入する不法移民に対する歯止めがかけられた。

3. 急増するスペイン語を話す人々

　冒頭に紹介したリオグランデ川は，スペイン語で「大河」（rio が「川」，grande が「大きい」）を意味する。アメリカの移民で急増しているのは，メキシコなどの中南米諸国からの移民でスペイン語を母語とするヒスパニックである。1980 年の国勢調査ではヒスパニックの割合は 6.4％であったが，2020 年には 18.7％に増加している。メキシコに隣接するカリフォルニア州，テキサス州，ニューメキシコ州ではヒスパニックがヨーロッパ系の人口を上回り，スペイン語だけで日常生活に支障がない地域が増えている。ヒスパニックはカトリックを信仰する人々が主で出生率が高いため，今後もスペイン語話者が増加していくと予測される。

　中南米からアメリカへ流入する不法移民の増加は，麻薬密輸などの治安の悪化をもたらしている。また，農業での収穫作業や工場での単純作業などを低賃金で担うヒスパニックが増え続けることで，ヨーロッパ系やアフリカ系からみれば，雇用が奪われる状況も多くみられる。

　2016 年に大統領に当選したドナルド・トランプは，「米国第一主義」の政策を掲げ，不法移民対策としてメキシコとの国境に壁を建設することを公約とした。その 250 億ドルとも試算される建設費用をどう捻出するかが課題となっていたが，2019 年には，「国家非常事態」を宣言して予算を確保し，壁の建設を強行した。コロナ禍の下で，不法移民の亡命申請を受理せずに国外退去させる措置もとられた。

　その後 2020 年に大統領となったジョー・バイデンは，移民排斥を進めたトランプの政策を転換し，トランプ政権下の「国家非常事態」を解除し，壁の建設を中止した。しかし，バイデン政権は移民に寛容であると印象が強まったため，メキシコとの国境に不法移民が殺到し，国内では批判の世論が高まった。2024 年 6 月には不法越境者が一定数を超えた場合に国境を封鎖するとの大統領令を出し，方針転換を余儀なくされた。

4. 今後の国境管理はどうなるか

　国内での就労が困難な人々は，アメリカでの雇用の機会を求めて国境を越える。世界中から移民を受け入れることにより発展していったアメリカにおいて，移民の増加は分断の要因ともなっている。2024 年 11 月に行われた大統領選挙の結果，ドナルド・トランプが再選され，国境の壁の建設を継続するとともに，不法移民の国外追放を進めることを表明した。「サラダボウル」の理想と現実の差はより大きなものとなることが予想される。

[武田竜一]

[参考文献]
読売新聞「変容する米国 3　不法移民あふれる「聖域」」2023 年 11 月 3 日朝刊.
読売新聞「変容する米国 4　スペイン語と「2 言語化」」2023 年 11 月 4 日朝刊.

北アメリカ⑦

カナダの「多文化主義」の特徴は？

1.「多様性は力の源」－カナダの「多文化主義」－

　カナダは，1971年に世界で初めて多文化主義政策をとったことで知られる。1988年には「カナダ多文化主義法」が制定され，カナダに暮らす人々が平等に社会参画できるしくみが整った。人口の4人に1人が移民となっており，2025年には年間50万人の受け入れを国家目標として掲げている。2015年10月，ジャスティン・トルドー率いるカナダ自由党が勝利し，トルドーが首相に就任した。その選挙の際のスローガンが「多様性は力の源」であった。なお，1971年に多文化主義政策を掲げたのは，彼の父ピエール・E・トルドー元首相である。

　カナダが多文化主義政策をとる背景には，進行する高齢化と労働力の確保という切実な課題がある。その一方で，高学歴の移民が希望する職業に就けるとは限らない状況も生まれている。

　周知のとおりカナダは英語とフランス語の2つの言語を公用語としている。1969年に制定された公用語法により，連邦政府が管轄する公的機関では，英語またはフランス語の希望する言語によるサービスが保障されている。その一方で，州政府の統治機構では各州の法令が優先される。カナダを代表する航空会社エアカナダのトロント発モントリオール行きに搭乗すると，トロント（英語圏のオンタリオ州）では英語，フランス語の順，モントリオール（フランス語圏のケベック州）到着時にはフランス語，英語の順に機内放送がある。

　ケベック州はカナダにおいて唯一フランス語を公用語としており，ケベック州に居住する人々の8割はフランス語を母語としている。近年，フランス語を母語とする人口が減少傾向にある。1960年代に入るとケベック州では「静かな革命」と呼ばれる改革が進行し，カトリック教会の権威が低下し，出生率が低下したことがその要因となっている。

　カナダにおける「ヴィジブル・マイノリティ」（ヨーロッパ出身でない人々）の増加は目覚ましく，もはや少数派ではない。写真1に示したスーパーマーケットでも中国語表記の食品が多く売られていることがその証左である。

写真1　ブリティッシュコロンビア州のスーパーマーケットの店内
（2023年8月筆者撮影）

2. カナダ国歌「オー・カナダ」

　カナダの国歌「オー・カナダ」には歌詞が2つある。両者を比較してみよう。

①おお カナダよ 我らが祖先の地よ　　②おお カナダよ 我らが故郷 我らが祖先の地
　汝の額を飾るは栄光の花冠　　　　　　我ら皆に真の愛国心が宿る
　汝の腕は剣を振るう術を知り　　　　　輝ける心で汝が興隆するのを見る
　また十字架を運ぶ術も知る　　　　　　真の北国　強国にして自由の国
　汝の歴史は最も華々しき偉業の叙事詩　あまねく場所で　おお カナダよ
　そして汝の信仰に満ちた勇敢さよ　　　我らは汝を守りゆく
　我らが故郷と権利を護らん　　　　　　神よ　我らの大地の栄光と自由を保ち給え
　我らが故郷と権利を護らん　　　　　　おお カナダよ　我らは汝を護らん
　　　　　　　　　　　　　　　　　　　おお カナダよ　我らは汝を護らん

　吹越・新藤（2019）は，カナダ国歌「オー・カナダ」の来歴を以下のように解説する。「1880年にフランス系カナダ人，カリサ・ラヴァレーによって作曲され，アドルフ・バジル・ルーティエ卿作詞の『オー・カナダ』フランス版が愛国歌となった。その後，1908年にロバート・スタンリー・ウィアが元となる英訳を行った。公用語が複数ある場合は翻訳されて同じ内容になることが一般的であるが，カナダの国歌の場合は，フランス語版と英語版の歌詞はかなり異なっている。愛国歌となって100年後の1980年に国歌として正式に制定された。おのおの第4節まであり，第1節のみ歌われることが多い。」

　上記の歌詞訳の①はフランス語版，②は英語版である。英語の歌詞「in all of us command」は論争を経て，2018年に「in all thy sons command」から変更された。「thy sons（汝の息子たち）」の「息子」が，ジェンダーの観点から「of us（我らの）」に修正されたのである。英語版は，セクシャル・マイノリティーへの配慮という観点から修正を余儀なくされた。なおフランス語版の歌詞に変更はない。

3．中学校地理の教科書のなかのカナダ

　中学校地理的分野の最初の単元は「世界と日本の地域構成」である。生徒は，教科書や地図帳巻末の統計資料をもとに，世界の面積が大きな国々を調べる学習課題に取り組むことが多い。その確認のなかで，世界地図をみながら上位5カ国を指でなぞらせると，地図上に平仮名の「ろ」の字が現われる。面積に注目すると，カナダはロシアに次ぐ「大国」である（この単元には図法の学習も含まれる。メルカトル図法の限界に気づかせる上で，高緯度地域に位置する国家の面積が拡大されることに触れることが重要である）。

　続く「世界のさまざまな地域」の単元の冒頭で，世界の気候の特徴を学ぶ。ケッペンの気候区分における「冷帯（亜寒帯）」と「寒帯」について学ぶが，その事例としてイヌイットの暮らしの変化を取り上げている教科書が目立つ。また，「北アメリカ州」の教科書記述の大半はアメリカ合衆国に関する記述に割かれており，コラムや節のなかで英語とフランス語の2つの公用語をもつカナダの特徴を解説する程度にとどまっている。

〔武田竜一〕

〔参考文献〕
大石太郎（2017）「カナダにおける二言語主義の現状と課題」*E-journal GEO*，12, pp.12-29.
吹越忠正・新藤昌子（2019）『CD付　オリンピックでよく見るよく聴く国旗と国歌』三修社，
　pp.64-69.

［コラム］ ハワイにみる移民の現状

　ハワイといえば，誰もが思い浮かべるのは青い海に白い砂浜のリゾート地であろうか。現在も多くの人が訪れる地であり，日本からの航空便は毎日 10 便以上運行されている。

　このリゾート地には，かつて日本から多くの人々が移民として移り住んだ歴史がある。日本からの移民にはどのような特色があり，どのように変化してきたのかを読み解きたい。

　19 世紀初頭にハワイ王国でサトウキビを輸出作物として大規模生産する動きがみられ，ハワイ各地にサトウキビプランテーションが設立された。農園での不足する労働者を補うために移民を受け入れるようになる。

　日本からは，明治維新によって職を失った武士を中心とする初の移民がホノルルに到着した。しかし，農園での労働になじめず，150 人のうち 40 人が帰国してしまう。1885 年には政府が正式に認めた官約移民が始まり，各島の農園での労働に従事する。1920 年代にかけて一攫千金を夢見て 22 万人ほどが入植し，1920 年にはハワイ準州における人口のうち日系人が約 4 割を占めるほどであった。彼らは農園での労働者として過酷な労働を強いられるが，ハワイの社会に溶けこもうと努力していた。苦労の様子は，サトウキビ畑で労働者が歌った「ホレホレ節」からも読み取れる。

　　「ハワイ　ハワイ　とよー　夢見てきたが　流す涙も　キビの中，
　　カネは　カチケンよー　わしゃホレホレよ　汗と涙の　共稼ぎ，
　　ゆこうか　メリケンよー　帰ろうか日本　ここが　思案の　ハワイ国，
　　横浜出るときゃよー　涙が出たが　今じゃ子もある　孫もある」

　その後，アメリカが施行した 1924 年移民法（Immigration Act of 1924）により，日本からの移民が停止する。

　第二次世界大戦が終結し，日本人の渡航が自由化される 1964 年以降，再び日本からハワイに移り住む人々が増えた。彼らが生業としたのは，戦前の移民が行っていた農業ではなく，不動産や日本食レストランなど日本から訪れる観光客を対象にしたものと変化していく。佃 陽子（2015）による移民へのインタビューでは，次のような記述があった。

　　「移民っていうのはね，どちらかっていうとやっぱりネガティブなんじゃないですか？（中略）昔日本が貧しくて，一旗揚げようと，そういう時代に出来た言葉ですよね。だから今の私たちの場合，移民っていう意識ないんじゃないですか？」

　戦後の移民は生活苦から逃れるためではなく，自らの自由意志によってハワイにやってきて，日本とハワイを自由に行き来している。戦前も戦後も，移民はハワイ社会に貢献し続けていることは変わらない。

［上原達也］

［参考文献］
佃　陽子（2015）「ハワイにおける現代の日本人移住者の移動性と「移民性」」成城大学教養論集，25，pp.41-85.

［コラム］ カリブ海の小アンティル諸島

1．小アンティル諸島とはどこからどこまでか

　1492年のコロンブスの到達により，スペイン（厳密にいえばカスティーリャ王国）の植民地となったカリブ海地域の小アンティル諸島であるが，17世紀以降はスペインの勢力が弱まり，アメリカ，イギリス，フランス，オランダなどが宗主国となっていった。

　小アンティル諸島は，プエルトリコの東に位置する米領と英領のヴァージン諸島から始まり，セントクリストファー・ネービス，アンティグア・バーブーダなどの独立国の島と，火山で有名な仏領マルティニーク島などの植民地の島が混在しながら南北方向に連なっている。南アメリカ大陸に近い最南端の島がトリニダード・トバゴであり，この諸島の8カ国ある独立国の中の最大の島である。さらに，ベネズエラの北岸のオランダ領のキュラソー島とアルバ島までが小アンティル諸島の最西端となっている。筆者の高校時代の地理の授業で，ベネズエラの原油は，この2つの島で精製されて世界に輸出されると習ったものだ。

2．カリブの海賊と小アンティル諸島

　ジョニー・デップ主演の映画『パイレーツ・オブ・カリビアン』とは直結しないが，大航海時代（16世紀）のスペイン全盛期を支えたのが，中南アメリカから掘り出された莫大な金銀であった。その金銀をスペインまで運ぶ黄金船を襲ったのが「カリブの海賊」で，その多くはイギリス人であった。有名どころの海賊としては，ドレイク船長があげられる。その後ろ盾はエリザベス1世である。

　このスペインとイギリスの確執が1588年の「アルマダ（スペイン無敵艦隊）の海戦」へとつながる。そこで敗れたスペインは徐々に弱体化していった。

3．「セントクリストファー・ネービス」か「セントキッツ・ネービス」か

　小アンティル諸島の北端の独立国は，島の面積が最小（国土面積は世界で8番目に小さい）のセントクリストファー・ネービスである。日本国政府はこの国名を使用しているが，国際的にはセントキッツ・ネービスの方が通用する。英領であったため，イギリス連邦の一員であることもセントキッツの名称が普及している理由であろう。この国には，小アンティル諸島の6カ国と3つの英領で構成する「東カリブ諸国機構（OECS）」の通貨である東カリブ・ドルをつかさどる東カリブ中央銀行が置かれている。

4．日本と小アンティル諸島との関係－IWCでは日本の応援団－

　セントクリストファー・ネービス，アンティグア・バーブーダ，ドミニカ国，セントルシア，セントビンセント及びグレナディーン諸島，グレナダの6カ国は，独立後に国連に加盟すると同時期に，国際的環境保護団体によって反捕鯨勢力としてIWC（国際捕鯨委員会）に加盟した。しかし，IWCでの議論に参加するうちに，この諸国は日本やノルウェー，アイスランドの持続的捕鯨国の側の強力な応援団に変化したのだ。小さな島国の主要産業は漁業である。反捕鯨の環境保護派の主張は，鯨やイルカの保護のみならず，海の幸（魚類）すべての保護がベースになっていることに気づいたのである。日本と東カリブの国々は，日本がIWCを脱退しても，依然として固い絆で結ばれている。

［谷川尚哉］

中南アメリカ①

中南米はなぜ「ラテンアメリカ」と呼ばれるのか？

1. ヨーロッパ人が「発見」した大地

　ラテンアメリカは，先住民が暮らしていた大地であった。コロンブスはエスパニョーラ島に初めて到達した時に，次のように報告している。「この島をはじめこの地方のすべての島々は，地味まことに肥沃ですが，特にこの島は著しく豊かで，しかもその海岸には，私の知っているキリスト教国の他の島々とは比較にならないほど多くの入り江があり，その上大きな，しかも良い水をたたえた川がいくつも流れていて，それはまことにすばらしい眺めであります。……そこには鶯や，千もの種類の小鳥がなきさえずっておりました。……蜜もとれれば，いろいろな種類の鳥禽もおり，また幾種類もの果実がとれ……まことにエスパニョーラ島はすばらしい島であります」（コロンブス『航海の記録』）。

　この報告にもあるように，ヨーロッパでは見られない豊かな自然をもつ大地であったことがわかる。この地で生まれたジャガイモ，トマト，トウモロコシなどの食材はヨーロッパの食卓を彩っている。そして，タバコは現代社会において嗜好品となった。

　ヨーロッパ人はこのような物産を持ち帰るだけでなく，現地の様子を非常に精緻に描いたペン画を作成している（図1）。ここで気になるのは，裸体で描かれたインディヘナの人々の姿である。着衣が当然のヨーロッパ社会から見ればインディヘナは文明から野蛮で遅れた人々として捉えられていたのである。生贄文化を伝え，野蛮な文化を文明化するという征服を正当化する裏付けとなっていくのである。そして，ヨーロッパ社会の支配が進み，彼らの文化が失われていくのである。

2. ラテンアメリカの3つの場

　ラテンアメリカの国々は，場所が変われば民族，暮らしも大きく変わる。この違いはどのような背景のもとに起こったのだろうか。清水（2017）は先住民社会との関わり，植民地支配の姿から次の3つの場に分けている。

図1　インディヘナの人々
原画：Theodor de Bry（1591年）．
出所：Electra Mompradé and Tonatiúh Gutiérrez (1976) *Imagen de México*. Salvat.

　第1の場は，先住民との関わりを強く持ったメキシコやアンデスの国々である。すでにヨーロッパの都市に匹敵する規模の都市もあり，征服者は先住民社会の力を借りて植民地社会の経済活動を成り立たせていくのである。数的マイノリティである征服者は，先住民を差別することで支配を盤石のものにする。この差別が先住民社会再生の場を与えてもいる。現代ではボリビアにおいてインディヘナの大統領選出につながっている。

　第2の場は，大規模な先住民社会が存在

せず鉱山もなかったアルゼンチン，ウルグアイ，チリである。先住民の抹消後，イタリア，スペイン，ドイツ，東欧系の移民を大量に投入した。メキシコやアンデスの国々とは異なり，徹底的なヨーロッパ社会化が進んだのである。

第3の場は，先住民が絶滅させられた後に黒人奴隷が導入されたカリブ海の国々である。コロンブスの到来以降，金山での重労働，ヨーロッパからもたらされた感染症の蔓延によって先住民は絶滅されたのである。その後，砂糖プランテーションの労働力として大量の黒人奴隷が導入され，歴史学習では必ずと言っていいほど扱われる三角貿易が成立するのである。

18世紀に入り，奴隷貿易が衰退するようになると，ヨーロッパの国々はそれぞれが植民地としているアジアの国々から移民を導入することで労働力不足を解消している。この地域にはオランダ，イギリス，フランスも植民地争奪に加わり，結果として多くの民族が流入している。第1の場，第2の場の国々が19世紀初頭に独立を果たしたのに対して，第3の場の国々の独立は1960年代まで待たなければならなかった。

3. 我々の大地とは

インドを目指したヨーロッパ人が到達したこの地は当初，「インディアス（Indias）」と名付けられたが，これはコロンブスの思い違いであった。その後，独立にあたって「我々のアメリカ（Nuestras Americas）」という呼び方が登場する。「我々」とは，誰のことを指しているのだろうか。

1810年代に独立を果たすものの，支配層の知識人は自らのアイデンティティに頭を悩ませる。アングロサクソン系でもなく，西欧で遅れを取ったスペインでもない。この頃の西欧社会で中心となっていたフランスに憧れを抱き，自らを「ラテンアメリカ（America Latina）」と称するようになる。そこにはインディヘナも黒人奴隷も含まれていない。「ラテンアメリカ文学」という学問があったとしても，扱われているのはスペイン語，ポルトガル語など旧宗主国の言語に限定されている。ラテンアメリカにインカやマヤといった古い伝承文学があるはずだが，扱われることはほとんどない。

アメリカ合衆国の独立宣言は「We the People」の言葉で始まる。ここでの「我々（We）」には先住民は含まれていたのだろうか。黒人は含まれていたのだろうか。「我々（We）」に彼らが含まれていないことは，すでにアメリカが歩んできた歴史が裏付けている。あくまでも，支配をしているヨーロッパ人からの価値観によって作られたものなのである。1964年の公民権法の成立を待たなければならなかった。

現在の豊かな生活は，集団の多様性によって成り立っている。民族のサラダボウルともいわれるアメリカにおいて，トランプ大統領が増加を続ける不法移民への対策としてメキシコとの国境に壁を設けると発言したことは記憶に新しい。多様性を排除しようとする政策で豊かな生活が維持できるのであろうか。

［上原達也］

［参考文献］
清水　透（2017）『ラテンアメリカ500年　歴史のトルソー』岩波書店.
会田　由ほか監修（1965）『大航海時代叢書1　コロンブス，アメリゴ，ガマ，バルボア，マゼラン　航海の記録』岩波書店.

中南アメリカ②

ブラジルはどのようにして工業国家になったのか？

1. 工業国家への歩み

　ブラジルは世界5位の面積を持つ国である。国内総生産（GDP）は世界13位（2021年），工業出荷額は世界8位（2021年）と世界有数の工業国家である。

　ブラジルでのコーヒー農園の労働力不足を補うために，日本から約24万人が移民として送り出された。彼らはブラジルの大地を懸命に耕し，現地社会での地位を築いてきた。そのような歴史もあり，日本では「ブラジルといえばコーヒー」というイメージが強い。では，ブラジルの工業化への歩みを見てみよう。

2. モノカルチャーからマルチカルチャーへ

　かつてのブラジルは，コーヒー豆やサトウキビ，鉄鉱石など時代によって異なるが，特定の一次産品が輸出の主役となるモノカルチャー経済であった。現在は，多くの産品が生産されるマルチカルチャーになっている（表1）。これは1960年代には鉄鉱石，1970年代には大豆，1990年代にはエタノールなどを，世界情勢や技術開発の進歩にあわせて輸出品目に加え続けた成果である。

　モノカルチャー経済は，気候や病害虫による生産量の減少や国際取引価格の変化による影響を受け，国内経済へのダメージが大きい。一方で，多くの産品を生産するマルチカルチャーは，一つの産品が国際取引価格暴落の影響を受けたとしても，他の産品がそれを補う役割を果たすため，国内経済へのダメージを小さくすることができる。多くの産品を生産することは，それぞれの産品に応じた対策を取ることができる。コーヒー豆の取引価格が下がればコーヒー農園を放牧地に，バイオエタノールの需要が増えると見込まれればサトウキビ農園に転換することも可能だ。サトウキビの絞りかすを畜産の飼料に活用するといった相乗効果を期待することもできる。ブラジルでは，ブラジル農牧研究公社を設置し，資源国ブラジルのさらなる飛躍を目指している。

表1　ブラジルの輸出に占める品目別割合（2021年）

品目名	割合（％）
鉄鉱石	14.5
大豆	13.8
原油	10.9
サトウキビ	2.8
大豆油かす	2.6
牛肉	2.5
燃料油	2.2
化学パルプ	2.2
コーヒー豆	2.1
その他	46.4
計	100.0

出所：ブラジル経済省貿易統計（COMEX STAT）より作成.

　また，多くの産品の生産を可能にするだけの広大な国土を持っていることも，マルチカルチャーを支える背景になっている。ブラジル開発の歴史は，大西洋に突き出した北東部でのサトウキビプランテーションが始まりである。サトウキビを原料に砂糖が作られ，それをヨーロッパに供給し，のちに金やダイヤモンドの採掘，コーヒー豆の生産へと移り変わった。20世紀にかけて開発が南東部まで進んでいった。

　手つかずであった西部に向けては，1960年代以降に政府が主導して開発が進められた。1970年代に行われたセラードにおける開発は，農業だけでなく，カラジャス鉄山などの鉱業の開発が行われた。日本政府も資金融資を行い，

鉄鉱石の買い取りを約束した。1990年代には再び北東部に開発の手が移り，果樹栽培やバイオエタノール生産のためのサトウキビ生産が行われるようになる。21世紀になると，南東部の工業地帯では，アメリカのフォード社やイタリアのフィアット社が自動車工場を新設した。

　リオデジャネイロ沖では海底下2,000mの岩塩層に眠るプレサル油田の存在が確認されている。水深が2,000m，さらにその海底下2,000mを掘削する点において課題は多い。石油の需要が高まっているなか，掘削技術を開発し掘削コストをどれだけ下げられるかが産業化に向けた鍵である。

3. これからのブラジル工業

　ブラジル開発の歴史をたどると，時代に対応して多様な産品が生産され，生産方法も多様になったことがわかる。堀坂（2012）は「森林伐採の歴史であった」と表現している。サトウキビやコーヒー豆のプランテーションはまさに，人類が森林を伐採して生産してきた姿の現れである。

　温室効果ガスの削減や再生可能エネルギーへの転換に向けた意識の高まりにより，バイオエタノールが注目されるようになった。ブラジルではサトウキビを原料にバイオエタノールを生産している。バイオエタノールの需要が高まれば，サトウキビ畑の拡大が求められる。サトウキビ生産で使用される農薬や，バイオエタノール生産の過程で発生する廃液が環境に与える影響は大きい。また，アマゾンでは世界第4位の大きさとなるベロモンテ水力発電所が作られた。約670万km²の貯水池が作られ，2万人もの住民が生活の地を奪われることになった。

　1988年，ブラジル憲法に，世界に先駆けて環境権が盛り込まれた。1992年にはリオデジャネイロで地球サミットが開催され，環境と開発に関するリオ宣言とそれを実現するための行動計画アジェンダ21が採択された。地球を将来に残していくために「持続可能な開発」の理念を国際的に確認する場となった。その後の「持続可能な開発目標（SDGs）」につながり，現在の中学校社会科教科書にも，地理・歴史・公民の3分野すべてで取り上げられている。

　経済開発と環境保全を一体的に捉えることは，ブラジルだけでなく全世界の国々が考えなければならないことである。人類の歴史では，人々の生活が蔑ろにされた経済開発がいくつも行われてきた。経済開発の裏で生活の場が奪われることはあってはならない。その地に暮らす人々の権利を大切にすることがこれからの鍵になるであろう。

［上原達也］

［参考文献］
堀坂浩太郎（2012）『ブラジル　飛躍の軌跡』岩波書店.

中南アメリカ③
アマゾンの開発はどのように進んでいるのか？

1. 広大な熱帯林の現状

　南アメリカ大陸のアマゾン川流域は赤道直下にあるため，年間を通じて降水量が多い。セルバと呼ばれる豊かな熱帯林が分布している。熱帯林は豊富な樹種に恵まれ，野生生物の宝庫である。近年問題視される気候変動の原因物質である温室効果ガスの吸収も見込まれており，「地球の肺」と呼ばれている。ところが，近年はアマゾンの熱帯林の開発が進んでおり（図1），アマゾン地域のみならず国際社会でも問題視されている。

2. 開発の背景とその歴史

　アマゾンの開発は近年急速に進行しているが，その開発はどのような理由から行われたのだろうか。一つには農園開発がある。熱帯地域では商品作物の栽培が盛んに行われている。初めはサトウキビの生産であった。やがて，その中心が天然ゴムへと変わる。それは，南アメリカ大陸原産の天然ゴムはこの地域でしか生産することができなかったためである。各種の工業製品の生産にゴムは不可欠であり，合成ゴムが広く使われるようになるまで，天然ゴムを使わざるを得なかった。パラゴムノキの生産を目的として，アメリカやイギリスがアマゾンの開発を進めたのである。1910年代にイギリスが密輸したゴムの生産が東南アジアで軌道に乗るまで，アマゾンではゴム栽培が盛んに行われていた。

　逆の動きもある。シンガポールから持ち込まれたこしょうは戦後に栽培が盛んに行われるようになり，莫大な利益をもたらし「黒いダイヤ」とも言われた。ただ，こしょうの栽培は長続きしなかった。1950年代にこしょう価格の暴落，そして10年もしないうちに病害により収穫量が激減したことなどから，カカオ豆などに生産転換を行うのである。

　このように商品作物は価格変動や国際情勢の影響を大きく受ける。ブラジルはそれぞれの時代において利益が見込める産品を作っている。ブラジルで近年，大豆生産が急増しており，世界一の生産国となったが，広大な大豆畑もアマゾンを切り開いて作られた。

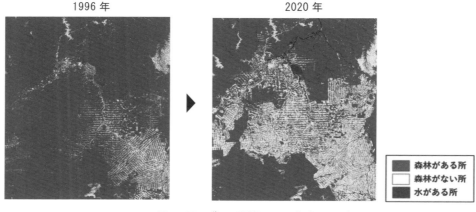

図1　アマゾンの開発：1996年と2020年
出所：JAXA資料による．

商品作物を作るほか，近年は欧米のみならず国内に向けても家畜の飼育を目的とした開発が進んでいる。アマゾンは酸性土壌が広がり，栄養分に乏しいとされた場所も多く農業に適さないとされていたため，土地を安価に得ることができた。また，広大な平坦な土地であったため，牧草地を拡大するうえでは適地とされたのである。ブラジルは地理的条件から肉類の生産には力が入れられなかったが，冷凍船の発達で遠距離でも品質を落とさないで輸送することが可能になったため，近年は肉類の生産にも力を入れるようになった。

　ブラジルが鉱産資源に恵まれていることもアマゾンの開発を後押しした。金，鉄鉱石などの鉱産資源に恵まれ，ブラジルの工業生産を支えていると同時に，世界各国へ輸出されている。そのような鉱産資源の採掘は，アマゾンの奥地に鉱物採掘者が進出するきっかけともなった。

　アマゾンの開発は 1953 年にアマゾン経済開発庁が作られ，政府公認の事業として行われるようになる。1960 年には新首都ブラジリアが「国土の均衡ある発展のために」建設されるなど，国家規模でアマゾンの開発が進められた。その後，1967 年にはマナウスに外国資本を誘致するための関税自由地区が設けられる。マナウスはもともと物資の集積地として発達していたが，これを機にさらなる鉱業など欧米の企業の進出が相次いだ。

3．アマゾンの開発がもたらす影響

　農園開発による負の影響もある。アマゾン先住民の伝統的な暮らしが損なわれるようになった。大量の農薬の使用や農地造成で豊かな熱帯林が奪われ，生活の様子も変わってしまった。また，道路から魚の骨のように拡大された農園開発や河川の流量変化など，元に戻すことのできない変化が起きている。ブラジル政府も先住民の居住区は保護区とし，開発を表面上は禁じているが，実際には違法開発が進んでしまっている。また，特定の商品作物に依存する経済体制に組み込まれることによって，自給自足の暮らしでは生じなかった食料確保の困難に直面している。確かに開発が行われることによってもたらされる利益はある程度見込まれるものの，多国籍企業や広大な土地を所有している人に限られ，そこで働かざるを得ない経済的に貧しい人々はその恩恵を受けることがない。

　グローバル化した経済体制に組み込まれることで，利益優先で人々の暮らしや環境が無視された開発が進展した。日本で見られた「水俣病」がアマゾンの先住民でも起きている。水俣病は，水銀が体の中に取り込まれることによって生じる公害である。その背景として，金の違法採掘・精製が行われる中で，原因物質である水銀が適切に管理されておらず，アマゾン川に流入していることが考えられる。国際的には 2017 年に水銀汚染に関して「水俣条約」が締結された。しかし，金の需要がなくなることは考えられず，今後も違法な水銀の使用が予想され，人や自然に対する汚染がなくなることは考えにくい。また，すでに環境汚染を被った人への補償も考えなくてはならない。

［井上明日香］

［参考文献］
丸山浩明（2023）『アマゾン五〇〇年－植民と開発をめぐる相剋－』岩波新書．
田村梨花・三田千代子・拝野寿美子・渡会　環編（2024）『ブラジルの人と社会』上智大学出版．

中南アメリカ④

日系人はどのような暮らしをしているのか？

1. 南アメリカ大陸に暮らす人々

　南アメリカ大陸の民族構成は多様である。それはこの地域がどのような歴史を歩んできたかを反映している。先住民族が多い国，ヨーロッパ系の人々が多い国，アフリカ系住民が多い国…。さまざまな民族が共生していることは南米各地の豊かな文化を作ってきた。サンバ，タンゴなどはその代表的な事例である。

　南米には日本にルーツを持つ人も少なくない。世界全体の日系人のうち，約6割に相当する213万人の人が中南米で暮らしており，ブラジルでは190万人にものぼるとされている。

2. 日本からの移民の歴史

　日本から見て南米は対蹠点に近く，遠く離れている。これまで多数の人々が移住し，南米各地でコミュニティを形成してきた。なぜこれらの国々への移民が見られるようになったのか。日本からの移民を多く受け入れていたアメリカでは日露戦争後に排日運動が起こり，日本は移民労働者の受け入れ先を探している状況であった。同時に，ペルーやブラジルではイタリアなどからの労働力の流入が減り，労働力不足に陥っていた。

　南米で日本からの移民を組織的に受け入れた最初の国がペルーである（資料1）。現在でもブラジルに次いで2番目に日系人が多く暮らす国となっている。初期には農場で働く契約移民として流入した。その後は家族の呼び寄せなどで，農業以外の職業に従事する自由移民が増加するが，彼らは主に都市部で暮らすようになる。現地で長く暮らしてきた人々の中にはコミュニティの強さから日本を否定的に捉える人も多い。第二次世界大戦期には，日系人は敵性国民とされた。労働者としてアメリカをはじめとした他国へ送られることや，私有財産の没収なども行われた。戦後に日本から流入した人の数は多くはないが，日系コミュニティは経済力を回復し，徐々にペルー社会への同化を進め影響力を強めていく。フジモリ元大統領は日系人で，同化の象徴であると言えよう。

　日本から多くの移民を受け入れてきたのはブラジルである。コーヒー農園の雇用契約移民として渡航したのが始まりで，政府は積極的に移民を募集した（図1）。移民の大半は出稼ぎを目的としていたが，日本と異なる生活環境，低賃金，不作などが理由で契約満了を

資料1　南米日系移民に関わる年表

時期	出来事
1899年	「佐倉丸」で790人がペルーに移住
1908年	「笠戸丸」で781人がブラジルへ渡航
1924年頃	ブラジルへの移民が急増
1990年	ペルーでフジモリ氏が初の日系人大統領に就任
1993年	ブラジルへの移住者送り出し事業が終了

迎えず，帰国を選ぶ者もいた。当初，定住ではなく，数年で帰国することを想定していた者も少なくなかった。徐々に農業と異なる職業に従事して，生活を安定させようとした人も増え，移住者の生活が安定化するにつれ移住する人が徐々に増えた。第一次世界大戦後の日本の経済不況，政府の海外渡航支援によって移住者は急増した。第二次世界大戦期に両国の交流は一時停滞するが，戦後はアマゾン地域，マット・グロッソ州を中心に移住者が回復した。日本が高度経済成長期に入ると，出稼ぎへ行く人は減少していった。現在も日系人が多数暮らし，その人口は約140万人と推定されている。

　ペルーとブラジルはともに，日本からの移民が大量に流入した国ではあるが，戦後の移民がほとんどいなかったペルーと，戦後も移民の流入が続いたブラジルは対照的である。移民が多いと一言にまとめられるが，国によって事情が異なっている。

図1　日系移民募集ポスター
出所：JICA横浜海外移住資料館

3. 日系人の暮らし

　南米に暮らす日系人はどのような暮らしをしているだろうか。日本から流入した世代とその子孫の人たちは，混血が進んだ今日においても，日系人であるという自覚を持ち，「日本人街」が見られる地域もある。出身地別に住むことが多かった彼らは「県人会」を組織した。たとえばサンパウロには47都道府県のすべての組織が揃っている。日系人としての意識は人によって個人差があり，これらのコミュニティに依存しない人も増えているが，日本から人々が流入しはじめた頃は流入者の生活支援という意味でも大きな役割を果たしていた。

　日系人が多いサンパウロ州やパラナ州などでは，日本とかかわりの深い行事が数多く行われている。サンパウロでは日本文化を紹介する日本祭りが有名であり，その他にも釈迦の生誕を祝う花祭り，桜にちなんだ桜祭りなどさまざまなものがある。これらのイベントに日系人以外の人が参加することもある。日本語は先祖の言葉を継承するための，あるいは外国語としての日本語教育が実施されており，日本語学校がその拠点となっている。

　日本では，高度経済成長期以降の不況下で，労働力不足に対応するため入管法が改正された。その結果，工場などで働く出稼ぎを目的として日本に流入する日系人が増加した。群馬県の大泉町など強固なブラジル人コミュニティが作られている地域もあるが，教育の機会保障など抱える問題も多く，彼らに向けた政策の拡充が求められる。

〔井上明日香〕

〔参考文献〕

外務省（2018）「日本と中南米をつなぐ日系人」 https://www.mofa.go.jp/mofaj/files/000349396.pdf

JICA横浜海外移住資料館展示資料.

中南アメリカ ⑤

中米の国々の特徴とはどのようなものか？

1. つかみどころのない中央アメリカ

　南北アメリカ大陸の地域区分は，北アメリカ・中央アメリカ・南アメリカの3地域区分と，アングロアメリカ・ラテンアメリカの2地域区分とがある。ある地図帳では，巻末の「世界の国一覧」のページで，中央アメリカ諸国を北アメリカとして区分している。

　中央アメリカは，大陸上では北からメキシコ，ベリーズ，グアテマラ，ホンジュラス，エルサルバドル，ニカラグア，コスタリカ，そしてパナマの国々と，カリブ海では大アンティル諸島と小アンティル諸島そしてバハマ諸島からなる西インド諸島の国々と地域から構成される。

2. 中米最大の国家・メキシコ

　中央アメリカで最大の国であるメキシコでは，2024年に初めての女性大統領が誕生した。

　メキシコの人口は日本よりも少し多い1億2,800万人である。古くはマヤ文明，そしてスペインに滅ぼされたアステカ文明を誇った地域としても有名だ。産業では，かつては産油国として，現在では自動車産業を中心とした工業化も進み，GDPでは世界16位（2021年）につける。しかし，「一人当たり国民総所得（名目）」では，世界87位（2022年）になる。貧富の差が大きいということか。

　また，先述の大統領選挙の期間中も，同時に行われた地方選挙で20人から30人が殺害されたという。麻薬組織も絡む殺人・暴力事件が後を絶たない。

3. 黒人による初の独立国・ハイチ

　治安の悪さは，中央アメリカの多くの国々が抱える問題である。なかでも，ハイチの政情不安は深刻である。2024年のアメリカ大統領選挙のテレビ討論会で，トランプ候補が「ハイチ移民がオハイオ住民のペットを食べている」と発言し物議をかもしたが，ハイチからの移民が増えているのは，祖国ハイチでの生活が危険に満ちたものになっているからにほかならない。

　ハイチは，イスパニョーラ島の西部を国土とする。元々はコロンブス到達以来のスペイン領であり，サトウキビのプランテーションの労働力としてアフリカから多数の黒人奴隷が連れて来られた。17世紀になるとフランス人の移民も増えた。ヨーロッパでのフランスとスペインの戦争の結果，1697年にスペイン領からフランスに割譲された。1789年に始まるフランス革命は，海を渡ったハイチにも影響を与えた。1791年に黒人奴隷による大規模な反乱が起きた。そして支配階級のフランス人を追い出し，1800年に独立を宣言したが，フランス革命後のナポレオンにより，ハイチは再び奴隷制度に戻された。だが，黒人たちは1803年にフランス植民地軍を撃破し，翌1804年1月1日にハイチ共和国として独立を宣言した。

　これは，アメリカ合衆国に次ぐ2番目の独立で，ラテンアメリカでは初めての独立国で

あり，しかも黒人主体の奴隷解放を掲げた共和国の誕生である。ちなみに，アフリカ初の黒人国家であるリベリアの建国は1847年である。それよりも43年も早い。じつに画期的なことであった。

　さりながら，旧宗主国フランスの半世紀以上にわたる経済的圧力や，1915年から34年までアメリカの軍政下に入るなど，独立後の道のりは険しかった。第二次世界大戦後のハイチの政情は不安定で，軍政と民主化を繰り返しながら，クーデターによる政変を経て，政府軍と反政府軍の武力闘争が続いた。2010年には死者30万人という大地震まで起き，政府機関が機能不全となり，伝染病の蔓延，経済不安，暴動の発生と混乱は続いた。2021年には現職大統領が武装集団により暗殺されるという事態に至っている。

4. 運河による現金収入と金融立国・パナマ

　中央アメリカといえば，海運における世界の大動脈「パナマ運河」を思い浮かべるであろう。パナマ運河の建設は1881年のフランスによる運河建設会社の設立に始まる。スエズ運河を建設したレセップスを総監督に工事に着手したが，失敗に終わり，フランスの会社は1889年に破産した。その後，アメリカのセオドア・ローズベルト大統領によって建設工事が継承され，1903年から着手し1914年に運河通行が開始された。運用開始にあたり，パナマ地峡の地域はコロンビアの領土であったが，アメリカの画策により1903年にパナマ共和国が分離独立した。運河のために誕生させられたパナマである。

　独立直後に結ばれた条約により，1914年から1999年末まで，パナマ運河地帯は実質的なアメリカの植民地となった。アメリカにとってパナマは「中米の沖縄」だったのである。その後，1977年カーター大統領の時に新条約が結ばれ，運河の返還が決まった。

　運河の通行料は，なんとキャッシュで支払われている。パナマ政府は毎日莫大な現金収入を得ているのである。在日パナマ大使館の資料によると，アメリカ統治下の約86年間の使用料は累計で約18.8億ドルに過ぎなかったが，アメリカからの返還後2013年までの約13年間の収入は，累計で85.9億ドルに達した。

　現在のパナマは中央アメリカ有数の金融立国で，首都パナマシティには銀行の高層ビルが林立している（写真1）。しかし，一本裏道に入ると治安は良くない。

［谷川尚哉］

写真1　パナマの首都パナマシティの高層ビル群
（2012年6月筆者撮影）

オセアニア ①

アボリジナルの人々やマオリの権利は認められているか？

1. 人類最古の文明を継承したアボリジナルの人々

　18世紀末，オーストラリア大陸にイギリスの流刑地としてヨーロッパからの入植者が到達した時，大陸にはすでに自分たちの文化や慣習を持ったアボリジナルの人々がいた。彼らは約6万年前，オーストラリア大陸が現在のニューギニアと陸続きのような状態であった時に，イカダのような小舟で南アジアから移住してきたという説が一般的である。移住した当初は，大陸にはまだ多くの河川が流れ，大地は木々で覆われ，オーストラリア大陸のほぼ全域で生活していた。北部準州アーネムランドでは，約5万6,000年前に使われていた石器が発見され，ニューサウスウェールズ州では，約3万6,000年前にヒエのようなものを石臼で砕いた粉を焼いた世界最古の跡が見つかった。このようなことから，オーストラリアのアボリジナルの人々は，地球上に存在する世界最古の文明を継承していると言われている。

　オーストラリア大陸は，氷河期終期以降長期間にわたって他の世界から隔離され，先住民たちはおもに狩猟・採集生活を営んでいた。食物は，木の実，カンガルー，エミュー，ワニ，魚貝類などで，過酷な自然条件の中で食に適するものを長年の経験で知り尽くしており，食べ物を求めて移動していた。家畜も飼わず穀類も植えず，荷物もほとんど持たずに移動し，半年以上同じ場所に留まることはなかったようだ。生活の中で火を使い，移動する時には火を運んでいたと言われている。生活の基本は家族，親族であり，大きな部族は存在せず，物事を決める時には合議制であった。土地は，神聖な場所として創造者から贈られたものであり，所有権を主張したり，売買することは習慣として無かった。

2. 先住民政策

　どこの国でも先住民に関してはあまり積極的に話したがらない。それは，後から来た人間が先住民を虐待，殺戮した歴史があるためである。

　入植後19世紀を通して，イギリス政府の植民地における公式な政策は，先住民を同等に扱い，キリスト教文明に同化させることであった。しかし，実際は入植者と先住民は敵対的な関係にあった。入植者は牧畜業などのためにアボリジナルの人々の土地を取り上げ，その過程で多くの虐殺行為を行った。彼らをカンガルーと同じように狩猟の標的にしたりした。また，ヨーロッパから天然痘やインフルエンザなどの伝染病が持ち込まれ，抵抗力の無い先住民の多くが死亡した。最もひどいのはタスマニア島で，1800年初頭に植民地政府が入植者に先住民を射殺する許可を与えたために，タスマニア島のアボリジナルの人々は抹殺され絶滅してしまった。

　結局，ヨーロッパから人が入植した当時には100万人以上（最近の調査では300万人以上）の先住民が大陸全土で生活していたのが，1900年には7万人ぐらいに激減したと記録に残っている。

20世紀に入ると，オーストラリア政府は，先住民を隔離・保護し，同化政策を掲げるようになった。同化政策とは，彼らの歴史や文化を無視し，西洋文化の社会に同化させることである。そのため，アボリジナルの人々の子供たちを親から奪って白人社会に連れ込み，奴隷同然に扱うということも行われた。この世代の先住民は“盗まれた世代”と呼ばれる。

　先住民問題で大きな転換となったのが，1967年に実施された国民投票であった。これは1901年制定の連邦憲法を改正して，①先住民を対象にして連邦議会が法律を作ること，②先住民を人口動態調査に含むこと，などを問うたものであったが，全国民の90％が改正に賛成という結果であった。ただ，この国民投票は①と②に限定されたもので，先住民の各種権利や公共の福祉を認めたものではなかった。しかし，この結果を受けて政府の対応が，従来の強制同化政策から，先住民による自決・自立政策に転換し，和解へ進む契機となったのは確かである。

　続いて1992年には，マボ判決という，オーストラリア国土について法的に先住民の土地権を認めた判決が最高裁判所で出された。この判決は，先住民の土地に対する権利を認めたが，先住民以外がすでに利用している土地の違法性を認めたものではなく，現在利用されていない土地，一般市民の生活に影響のない土地に限られていた。また，1975年に人種差別禁止法が成立して以降，先住民以外が新たに取得した土地については，先住民が補償を求めることができるとした。その後，伝統的な先住民の慣習に基づいて存在する先住民の土地や水に対する権利に関するネイティブ・タイトル法など，少しずつ先住民の権利を認めるようになってきている。

　ニュージーランドでは，武力衝突が絶えなかった先住民のマオリとイギリスとの間で1840年2月6日，北島のワイタンギでワイタンギ条約が結ばれた。その内容は，
①すべてのマオリは英国女王の臣民となり，ニュージーランドの主権を王権に譲る。
②マオリの土地所有権は保障されるが，それらの土地はすべてイギリス政府へ売却される。
③マオリは，イギリス国民としての権利を認められる。
であった。だが，マオリに保障されたはずの権利はほとんど顧みられず，19〜20世紀にかけてマオリは多くの土地を失ってしまった。入植者が都合のいい方法で土地を手に入れたことが，その後のマオリの抵抗運動につながっていった。

　1975年，政府はワイタンギ条約の理念を守るためワイタンギ審判所を設置し，マオリによってもたらされた多くの主張を審理・裁定している。1985年には法が改正され，1840年に遡って不平等に行われた土地の転売が対象となった。現在，およそ3,000件近くの案件がワイタンギ審判所に登録され，すべての案件を合わせた面積はニュージーランド全土の約80％に及ぶと言われている。その半分の案件は調査済みもしくは調査中で，うち150件近くの案件はすでに調停され，20億ドル以上の金額が賠償金として支払われている。

［宮嶋祐一］

［参考文献］
田中豊裕（2022）『オーストラリア大全』大学教育出版，pp.400-420.

> オセアニア ②

オーストラリアの多文化主義の実態とは？

1. 白豪主義とその転換

　よく知られている通り，かつてオーストラリアは「白豪主義」と呼ばれる人種差別政策をとっていた。これは文字通り「白人のためのオーストラリア」を意味する。オーストラリアは，人種差別政策を国家政策として初めて導入した国であった。白人主体の人種差別政策を法制化し，白豪政策を最も重要な国策であると強調し明言してきたのがオーストラリアであった。それを可能にしたのは移民制限法（1901年）である。なぜこのような法律や政策が必要になったのかと言えば，イギリス政府がオーストラリア東海岸とタスマニアを正式に領有した1788年以降，白人社会を形成し始めたオーストラリアで，中国人をはじめとしたアジア系外国人労働者が急増し，社会的脅威と見なされたためであった。

　しかし，「白人主体の人種差別政策」といっても，白人＝ヨーロッパ系民族の中でも差別があった。イギリス人（アングロサクソン民族）を頂点とした社会の中で，入植直後は，当時イギリスの植民地であったアイルランド人が差別された。その後20世紀になると，大挙して移民してきたイタリア人，ギリシャ人が差別の標的となったが，彼らはおもに未熟練労働者として建築現場や工場などで肉体労働に従事した。ドイツや旧ユーゴスラビアからの移民も増え，それぞれ巨大な移民社会を形成した。1970年頃になると，中東で激しくなった内戦でアラブ系の移民が増加し，差別の標的となった。

　このような白豪政策の転換の契機となったのが，1970年代のベトナム難民の受け入れであった。受け入れの決定は，白人移民の国家オーストラリアにとっては革命的であった。ベトナム難民は非白人系であるばかりでなく，その受け入れも恒久的であり，国内政治的にも大きな影響を与える可能性があり，政府も当初はベトナム難民の受け入れにきわめて消極的であった。オーストラリアはそれまでもヨーロッパ大陸から移民と難民を受け入れ，イギリス系とは異なる多文化社会を築いていたが，それはあくまで白人社会の多文化現象であった。アジア系移民とベトナム難民の受け入れは，それまでのオーストラリア社会に存在しなかった移民文化を持ち込んだ点で画期的であった。政策的には，1972年の移民法による白豪主義政策の撤廃，1973年の多文化主義の採用，そして1975年の人種差別禁止法の制定により多文化主義へと歩み出したのである。

2. 現在の移民政策

　現在の移民（永住権を取得した者）は，次の4つのカテゴリーに大別されている。
①家族招聘：オーストラリアですでに生活している移民の両親，親族の招聘，オーストラリア人と結婚し海外に存在する配偶者，婚約者などを含む。
②技術移民：オーストラリアの企業，自治体からの招聘を含め，資格，能力，年齢，言葉などのポイント制で選択される。独立申請，事業，投資移民などを含む。
③人道プログラム：難民，亡命など。
④他のプログラム：ニュージーランドからの移住。

表1　カテゴリー別永住移民の出生国（2000 年 1 月〜 2021 年 8 月）

順位	技術移民		家族招聘		人道プログラム		全移民	
	国名	人数（千人）	国名	人数（千人）	国名	人数（千人）	国名	人数（千人）
1	インド	356.1	中国*	133.0	イラク	62.4	インド	439.7
2	イングランド	197.3	インド	81.9	アフガニスタン	30.7	中国*	334.9
3	中国*	196.5	イギリス	79.7	ミャンマー	21.1	イングランド	277.5
4	フィリピン	103.2	フィリピン	64.0	シリア	20.9	フィリピン	167.4
5	南アフリカ	101.3	ベトナム	61.5	イラン	17.3	南アフリカ	118.2

*中国には，台湾，香港，マカオは含まない。
資料：Australian Bureau of Statistics, Permanent Migrants in Australia 2021 より筆者作成。

　移民とは「永住ビザ」を付与された者で，毎年の永住ビザの付与数ならびに①〜④の割当は会計年度ごとに策定され，その数の範囲内で受け入れが行われている。また，②の技術移民については，ポイント制で申請資格を決めている。ポイントは年齢，学歴・資格，英語能力，雇用経験などで決まり，年齢については上限が 50 歳から 45 歳に引き下げられている。

　21 世紀初頭以降，オーストラリアの移民の傾向と特徴は次のように変化してきている。

ⅰ）移民の受け入れ人数の急拡大。20 世紀末には 10 万人に満たなかったのが，2019 年には 24 万 8,400 人に増加。ここ数年は年間の移民数は 20 万人前後で推移している。

ⅱ）ここ数年の実績でインドと中国の移民が全体の 30 〜 40％となり，アングロサクソン系民族の割合は移民全体の 2 割程度に減少している。

ⅲ）20 世紀末までは全移民の 3 分の 2 を占めていた家族移民が，21 世紀以降 3 分の 1 になり，技術移民が全体の 3 分の 2 を占めるようになった。

　以上のことから，オーストラリアの移民は，中国からの富裕層の移民と，情報通信技術に優れるインドからの移民が中心となり，かつポイント制の厳格化で移民の性格が大きく変化しているといえよう。オーストラリアが欲しい移民は，①若者，できれば 20 代・30 代，②高い技能・知識・資格を持つ者，③高度な英語能力を有する者，④オーストラリアと出身国で仕事の経験がある者，にまとめることができる。

　つまり多文化主義の内容も，人道的なものから経済優先政策へ変化してきていることに注意しなければならない。

［宮嶋祐一］

［参考文献］
田中豊裕（2022）『オーストラリア大全』大学教育出版，pp.431-457.

Australian Bureau of Statistics（2021）Permanent Migrants in Australia 2021. https://www.abs.gov.au/statistics/people/people-and-communities/permanent-migrants-australia/latest-release

オセアニア ③

乾燥しているオーストラリア大陸で何が起きているか？

1. オーストラリア大陸の自然環境

　オーストラリアは世界最小の大陸である。大陸全体の面積は 750 万 ㎢ で，日本の約 20 倍の広さである。大陸は東西約 4,000km，南北約 3,800km もあり，海岸線は 3 万 7,000km に及ぶ。また，世界で最も平坦で乾燥した大陸であり，国土の約 8 割が年降水量 600mm 未満となっている。さらに大陸全体の 3 分の 1 が砂漠で，最も広いのは大陸面積の約 4.5％ にあたるグレートビクトリア砂漠である。

　海岸線から内陸に入っていくと大地の様子が変化していく。海岸に近いところでは土地は肥沃で降水量も多く，南東部では近郊（園芸）農業や酪農が盛んで，北東部ではサトウキビやバナナなど熱帯性作物の栽培が盛んである。内陸に進んでいくと降水量は少なくなり，小麦などの麦類やトウモロコシなどの広大な穀倉地帯が広がる。菜の花や綿実など油脂用植物栽培も盛んである。さらに奥へ進むと乾燥が著しくなり，肉牛や羊の放牧地帯が広がる。

2. 自然災害

　広大な乾燥帯が広がるオーストラリア大陸では，自然災害も過酷である。おもな災害は森林火災，干ばつ，サイクロン，洪水などである。これらは多くの人々の生命や財産を奪い，インフラそして国民生活に多大な損害を及ぼす。自然災害による経済的損失は，過去 50 年の累計が約 15 兆円，年平均 3,000 億円を超える膨大な損害額である。2007 年に発生したビクトリア州の森林火災は 4,500 ㎢ を焼き尽くして 173 名の命を奪い，100 万匹を超す動物が死んだ。この森林火災で放出されたエネルギーは，広島に落とされた原爆 1,500 個分に相当し，史上最悪の自然災害と言われている。

　森林火災は大別して 2 種類あり，1 つは森林地帯・山間部で生じるもの，もう 1 つは草原地帯で発生するものである。火災の原因は，世界的に共通するものがあるが，おもに火の不始末，タバコの火，放火など人為的なものと，稲妻，落雷，自然発火などである。いったん火災が発生すると甚大な損害が生じるため，その原因に対しては厳しい罰則が設けられている。

　森林火災の防止策として，先住民が伝統的に行ってきた野焼きが注目されている。火災の原因となる乾燥した草や葉を前もって燃やすことで火災の発生度を減少させたり，火災の拡張を弱めたりする役割を果たすと言われている。その効果についてはさまざまな意見があるが，西オーストラリア州ではこの方法が成果をあげていると発表している。

　干ばつも農牧業にとって大きな脅威となっている。これまで繰り返し発生しているが，干ばつを予測することは難しい。国土が広大なため，厳しい干ばつが全国的に発生することはそれほど多くはないが，いったん発生すると通常は数年から 10 年以上継続し，多大な損害を及ぼす。オーストラリアが連邦制となった 20 世紀初頭におきた大干ばつは，「史上最大の干ばつ」と言われ，当時の羊と牛の半分を失ったと記録されている。

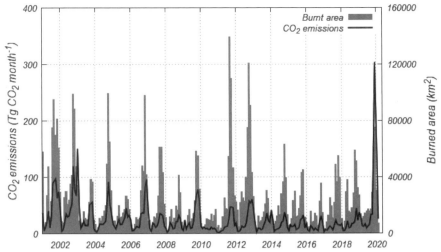

図1　オーストラリア全土における月ごとの森林火災による二酸化炭素放出量と森林火災面積
二酸化炭素放出量：折れ線グラフ（左の軸），森林火災面積：棒グラフ（右の軸）
出所：国立環境研究所HP　2021.5.6版

　さらに，オーストラリアの地域や経済に多大な損害を与える災害が洪水である。熱帯の大陸北部を襲うサイクロンや嵐がもたらす豪雨が洪水の原因となる。2010年にクイーンズランド州北部で発生した洪水では，経済的損失は2,000億円に上った。2019年にもクイーンズランド州北部で，10日間で雨量1,000㎜以上の降雨により大規模な洪水が発生し，放牧されていた牛や羊50万頭が水死し，家畜の損害だけでも250億円に上った。長年続いた干ばつからようやく抜けた途端に大洪水に見舞われるということがオーストラリアで起きている。オーストラリアは常に洪水と干ばつの脅威にさらされている。

3.　地球温暖化の影響

　オーストラリアでは，地球温暖化の影響が懸念されている。温暖化で北部熱帯地域の害虫や寄生虫が南下してくると，それらがもたらす伝染病に対し抵抗力が弱い南東部の人口集中地域に大きな被害をもたらす可能性がある。

　また，2009年以降毎年各都市で気温40℃以上の高温を記録し，2014年には南部のアデレードで観測史上最高の46.4℃を記録，2018年にはシドニー郊外で47.3℃を記録した。このような高温化は森林火災の増加や干ばつを頻発させ（図1参照），オーストラリアの重要な産業である農業や畜産に甚大な影響をもたらす。熱波やサイクロンの多発が国民生活に脅威を与え，オーストラリア固有の生態系にも影響を与える。さらに，作物の生育や成長時期がずれてくると，経済活動や輸出産業にも影響が出る。温暖化による自然災害や自然環境の急激な変化によって生じる国民生活や動植物の生態系への影響は，計り知れないものがある。

［宮嶋祐一］

［参考文献］
石森大知・黒崎岳大編（2023）『ようこそオセアニア世界へ』昭和堂，pp.65-82，303-321.
国立環境研究所HP　2021.5.6版　https://www.nies.go.jp/whatsnew/20210506/20210506.html

オセアニア ④

オーストラリアと日本はどのようにつながっているか？

1. 戦前の「南進思想」

　明治政府は，欧米列強と競い国際社会を生き抜くには，日本の過剰人口が最大の弱点になると考え，この問題を解消するために海外への移住，移民政策を進めた。この政策による実際の移民人数をみると，ブラジルを中心とするラテンアメリカが大半を占めるが，当初の移民先として候補に上がっていたのは，海続きの太平洋の島々であった。ハワイには約３万人の移民を送り出したが，ニッケル鉱山やサトウキビ，コーヒー豆などのプランテーションの労働者として，フィジーやニューカレドニアなどにも移住者を出した。しかし，日本人にとって南の島での労働はあまりにも過酷で，フィジーやニューカレドニアへの移民事業は短期間で終了してしまった。

　明治政府は，欧米諸国に遅れをとらないために，南に土地や資源を求めて進出すべきという「南進思想」を掲げた。この思想は言論界や思想界，さらには商人たちにも広がり，南進思想は，その後の海軍によるミクロネシアの占領などへと続いていった。

　太平洋戦争が始まると，日本はオセアニアへの侵攻を拡大し，ついにはオーストラリア本土であるダーウィンを空襲し，シドニー湾にまで特殊潜航艇で自爆攻撃を行った。オセアニアには約60万人の兵力が投入され，軍属や戦没者遺族らを加えると，100万人を超える日本人がオセアニア地域と深い因縁を持つのである。

2. 戦後の日豪関係

　戦後の日豪関係は，良好に推移してきたと言えるだろう。2010年代半ば以降は，両国は自由で開かれたインド太平洋構想の重要なパートナーであり，同構想の基盤となる日米豪印戦略対話（クアッド：QUAD）のメンバーでもある。第二次世界大戦で争った両国が良好なパートナーとなったのだが，それはなぜだろうか。

　まず，1960年代以降，日豪の経済関係が緊密化したことがある。オーストラリアが日本に鉱産資源や農産物を供給し，日本がオーストラリアに資本や工業製品を供給することにより，互いの経済を補完しあう構造が半世紀以上続いている。だが，このような関係は，何の努力もなしに構築されたわけではない。日本は1955年に「関税及び貿易に関する一般協定」（GATT）加盟を果たすが，戦争の記憶が鮮明に残っていたオーストラリアは，当初対日貿易にGATTルールを適用しなかった。その後，1957年に両国は日豪通商協定を締結し，オーストラリアは，対日貿易に初めてGATTルールを適用，最恵国待遇を与えた。この決断は，国内製造業を手厚く保護してきたオーストラリアにとって大きな転機となった。当時のオーストラリアは，経済が停滞し，EC（現EU）への加盟を目指すイギリスとの関係より，旧敵国であるが，経済的に将来性豊かな日本との関係を優先したと言える。

　その後の日豪関係は順調に発展し，1976年には日豪友好協力基本条約も締結された。1970年代以降は，アジアNIEs，ASEAN諸国，中国などの東アジア地域で次々と経済成長が始まり，鉱産資源や農産物を供給するオーストラリアとの関係を深めた。オーストラリ

表1　オーストラリアの貿易

主な貿易相手国（2023年）						主な輸出入品（2022年）			
輸出			輸入			輸出		輸入	
国名	金額 （百万ドル）	割合 （％）	国名	金額 （百万ドル）	割合 （％）	品目	金額 （百万ドル）	品目	金額 （百万ドル）
中国	135,063	36.4	中国	73,715	25.3	石炭	98,238	機械類	74,569
日本	58,006	15.6	アメリカ	33,024	11.3	鉄鉱石	85,979	石油製品	39,289
韓国	26,396	7.1	韓国	18,672	6.4	LNG**	62,986	自動車	36,314
インド	16,146	4.3	日本	18,448	6.3	金***	16,310	医薬品	13,699
アメリカ	13,906	3.7	タイ	13,586	4.7	肉類	11,552	金属製品	10,007
EU*	11,620	3.1	EU*	44,103	15.1				
計	371,463	100	計	291,805	100	計	410,253	計	309,300

* EU は参考値，** LNG は液化天然ガス，*** 金は非貨幣用
出所：『世界国勢図会 2024/25』（矢野恒太記念会）より筆者作成。

アの対外経済政策の重点も東アジア地域におかれ，1980年代末には，日本とともに APEC（アジア太平洋経済協力）の創設を主導した。21世紀に入ると，多くの東アジア諸国との二国間自由貿易協定（FTA）を締結し，さらに ASEAN との FTA，TPP（環太平洋パートナーシップ）協定，RCEP（地域的な包括的経済連携）協定に参加している。当初は東アジアへの帰属にそれほど積極的でなかったオーストラリアが同地域の経済枠組みに参加していく過程で，それを積極的に後押ししたのは日本であった。

　さらに重要なのは，両国とも戦後国際秩序の恩恵を一貫して受けてきたことである。両国の経済的繁栄は，GATT・WTO（世界貿易機関）体制を中心とする国際経済秩序なしには考えられず，安全保障については，両国ともアメリカとの同盟関係とそのネットワークに依存してきた。日豪両国にとって，既存の国際秩序の維持は非常に重要であり共通した国益であった。

　21世紀に入って，その秩序に挑戦する傾向を強めているのが中国である（表1）。中国は共産党一党独裁の社会主義国家で，日本やオーストラリアが基本とする自由民主主義や市場経済とは基本的に相容れない政治経済体制である。中国はその独自の主張の下，東シナ海・南シナ海で威圧的，一方的な領域の拡張を狙い，香港の一国二制度を破棄するなど，アジア太平洋地域で既存の秩序への挑戦を繰り返している。これに対しアメリカは，2017年のトランプ大統領就任以降自国優先主義的な対応が目立ち，もはや一国で対応する力はないようにみえる。このような情勢において，現在の日豪の協力には，両国の国益である既存秩序の強化にアメリカを再度巻き込み，他の東アジア諸国の支持を得ることが期待されている。

［宮嶋祐一］

［参考文献］
石森大知・黒崎岳大編（2023）『ようこそオセアニア世界へ』昭和堂，pp.303-321.

オセアニア ⑤

太平洋の島々が今かかえている課題は？

1. 水没する環礁の島々

2018年のIPCC（気候変動に関する政府間パネル）の報告書によると，現在，温室効果により地球の平均気温は産業革命前に比べてすでに1℃上昇しており，今世紀半ばには1.5℃上昇すると予想されている。そのような状況下で，温暖化抑制の合意がなかなか進まない国際社会において，国土水没の危機にある小島嶼国の発言力が増している。

太平洋には約2,000の島々が分布しており，火山やサンゴ礁などさまざまな成因の島がある。その中で海面上昇の被害を最も受けやすいのが環礁である。世界には約500の環礁があり，そのうち約400が太平洋に分布する。マーシャル諸島共和国，キリバス共和国，ツバル，そしてインド洋のモルディブ共和国は，国土のすべてが環礁である。サンゴ礁は海面より上には成長することはできず，環礁の島は，サンゴ礁の上にサンゴ礫や有孔虫の砂が打ち上げられてできているため，標高の低い幅の狭い地形となる。たとえば，ツバルの平均海抜高度は約2m，最も高いところでも約4.5mしかない。

環礁の島々では海面上昇による水没がすでに起こっており，大潮の高潮位の際には外洋からの波が住宅地に押し寄せ，以前はあった砂浜が海岸浸食によってなくなってしまった事例などが報告されている。

2. 社会経済的理由による環境の悪化

環礁の水没には，温暖化以外にも，人口増加に伴う脆弱な土地への居住地拡大という理由もある。たとえば，ツバルの首都のフナフチ環礁のフォンガファレ島は，第二次世界大戦前後の人口は100～200人ほどであったのが，1978年のツバル独立時にこの島が首都になると人口が急増し，現在は約6,300人となっている。かつては人が住んでいなかった中央凹地や，暴浪のたびに打ち上げられたサンゴ礫が積み上がってできたストームリッジという脆弱な土地に人々が住み始め，過剰な人口増加は，排水とゴミの廃棄により海水の汚染を深刻化させている（写真1参照）。

また，海岸部はもともと塩分に強く根をはって砂浜を安定化させていた低木の植生に覆われていたのだが，20世紀になるとコプラが現金収入になることから，ココヤシが盛んに植林された。その後コプラが値崩れするとココヤシは維持されず荒廃した。このようなことから生態系が劣化して，島の土台を作るサンゴ礫や有孔虫の砂を生産する機能が失われてしまった。さらに，海岸にコンクリートなどの護岸や桟橋が建設され，「運搬」「堆積」という砂浜を育成する機能が人工物により喪失してしまったのである。

3. 環礁国をめぐる地球的規模の課題

環礁国の，とくに人口が増加している首都で起こっている問題は，「海面上昇による水没」という単純な問題ではない。環礁の生態に合わない土地利用や改変による生態系の劣化の問題も重大である。標高1～2mの環礁国にとって海面上昇はもちろん深刻な問題だが，

写真 1　ツバルのゴミ処理場に放置されたゴミ（2018 年）
出所：Jリーグニュースホームページ

より大きな問題は，フォンガファレ島のように国土を造る復元力が失われていることであり，同様な問題は他の環礁国でも起きている。人口の増加により居住地域が脆弱な土地へ拡大し，陸からの悪影響によってサンゴ礁の生態系が劣化して国土を造る復元力が失われている。このような問題は世界中で共通する。

こうした問題の背景には，社会経済のグローバル化がある。いくつもの環礁に分かれて伝統的な生活を送っていた人々が首都に集中するようになったのは，海外からの支援や，支援により運営される国の機関への就職などによる現金収入が得られる可能性が高いからである。つまり首都に資本や情報が集中し，ビジネスチャンスが首都以外にはほとんどないため，仕事を求めて人々が首都に集中するのである。現在でも，海面上昇の対策として小島嶼国に莫大な資金援助が投入されており，このような傾向はさらに強まるだろう。

4. オーストラリアとニュージーランドによる"環境難民"の受け入れ

海面上昇により国土の危機に直面しているツバルは，2000 年に自らを"環境難民"として国民の海外移住を決定した。ツバル政府はオーストラリアおよびニュージーランドに対して，自国民の移住受け入れを非公式に要請したが，オーストラリア政府は同要請を拒否し，ニュージーランド政府は"環境難民"としてではなく，年間 75 名を限度として，適格移住者（45 歳以下で，英語が話せ，仕事が確保できる人）の受け入れに合意した。その後オーストラリアは 2023 年に，ツバル国民に対し年間 280 人の移住を可能にする特別ビザ（査証）を発行する協定に合意し，方針を転換した。

1 つの国が，自らの国土が消滅することを前提に国民を救済する方法を考えなければならないほど，地球温暖化や環境の悪化が進行している深刻さを，我々地球上で共に生活する者として，真剣に考えなければならないのではないだろうか。

［宮嶋祐一］

［参考文献］
石森大知・黒崎岳大編（2023）『ようこそオセアニア世界へ』昭和堂，pp.65-82, 303-321.
FoE Japan 南太平洋島嶼プロジェクト　https://www.foejapan.org/pacific/issue/

［コラム］ **気候難民** －新たな難民問題－

1. 環境難民, 気候難民とは

　近年国際社会では, 住み慣れた居住地から離れなければならない人の数が増えている。彼らは「強制移動民」と呼ばれ, 難民, 国内避難民, 開発による移動民（開発難民）, 環境悪化による移動民（環境難民）などが含まれる。このうち環境難民について, UNEP（国連環境計画）は,「際立った環境破壊のために習慣的な居住地を離れることを強いられた人」と規定している。環境破壊は, 具体的には火山, 大気, 気候, 海洋などが考えられるが, このうち海面の上昇や干ばつ, 台風などおもに気候変動の影響を受けて移動を強いられる人々を「気候難民」と呼ぶこともある。「環境難民」という言葉が使われ始めたのは 1970 年代にワールドウォッチ研究所が唱えてからであるが, より一般化したのは 1980 年代になってからであり, すでに 40 年が経過している。

　では, 気候難民の問題がクローズアップされているのはなぜか。それは, 気候変動の深刻化に対し, 国際社会の危機感が増大しているためであろう。今世紀末までに最大で 1m 以上の海面上昇が予測されており, 多くの島嶼や沿岸, 海抜高度の低い地域に住む人々が移住せざるを得ない可能性がある。2021 年の世界銀行の予測によると, 農業生産量の減少, 水不足, 海面上昇など気候変動の悪化により, 2050 年までに 2 億 1,600 万人もの人々が移住を強いられるという。気候難民は, 国際社会が向き合わなければならない新たな移民問題なのである。また, 海抜高度の低い環礁国にとっては, 国家の存続に関わる重大な問題である。

2. 環境難民の問題点

　「環境難民」「気候難民」などの用語の使用には問題もある。これらの用語は, 国際難民条約には定義がない用語なのである。従来からの「難民」の定義に当てはまらない人々の増加で, 国際難民制度は誰を難民とし彼らに保護と援助を与えるべきか, その定義の問題が重要度を増した。増え続ける発展途上地域の"難民のような状態にある人"に対し, 世界的に援助額が減り続ける中で, 援助が必要な人々の中から, 該当する難民の資格者をどのように選び出すべきか, という問題が出てきたのである。

　今のところ移住は気候変動に対する最後の適応策である。移住をせざるを得ない人々がただ援助を受けるだけでなく, 自身の生き方を主体的に選択でき, 尊厳を持って生活できるための支援こそが, 国際社会に求められている。

［宮嶋祐一］

［参考文献］

小泉康一（2005）「環境変化と強制移動－環境難民の用語は適切か－」大東文化大学紀要, 43 号, pp.15-36.

椎葉　渚（2023）「気候難民－21 世紀における新たな移民問題－」石森大知・黒崎岳大編『ようこそオセアニア世界へ』昭和堂, pp.244-245.

[コラム] 南極大陸は「いま」

　氷河は，寒冷な涵養域（積雪の積もる量が融ける量よりも多い領域：収支プラス；黒字の場所）で形成された氷河氷が，重力によって流動し，より温暖な消耗域（収支マイナス；赤字の場所）で融解することで成立している。世界最大の島・グリーンランド島に存在するグリーンランド氷床も同様である。しかし，南極氷床は，その全域が涵養域からなり，消耗は海に浮いた棚氷の末端から氷山が分離・流出することによって生じている。そのため十数年前までは，南極氷床は地球温暖化の影響を受けにくく，温暖化の結果として海面からの蒸発量が増加＝積雪量が増加して逆に収支がプラスになっているのではないか，との見解もみられた。

　しかし，この十数年の間に新たな知見が多く得られ，2021年のIPCC（気候変動に関する政府間パネル）第6次報告書では，かなりの確率で氷床が縮小しつつあることが認められた。その原因として最も注目を集めているのが，海水温の上昇に伴う棚氷の底面融解である。底面融解により棚氷が薄くなると，接地線（基盤岩上に載る氷床と海に浮く棚氷との境界線）が陸側に後退する。棚氷は，その存在によって内陸の氷床が海に向かって流れ出すのを押さえつける役割を果たしてきたが，棚氷が薄くなり接地線が後退することにより，内陸氷床を押さえつける力が減少する。その結果，内陸から海に向かって流れ出す氷流（氷床の中でも特に早いスピードで流動している氷河）の流速が早くなっていることが，多くの地点で観測された。これは，急激な海水準上昇をもたらす氷床崩壊に直結する現象である。

　もう一つ気になる報告がある。南極沿岸域は，北大西洋と並ぶ（それ以上の）高塩分水の沈降流が生じる場所となっているが，棚氷の底面融解に伴って生じる淡水の影響で，沈降流が弱まる可能性が指摘されている。その結果，完新世の安定した気候をもたらした原動力であると考えられている海洋の熱塩循環（図1）が弱まり，全球規模での気候変動がもたらされる可能性がある。

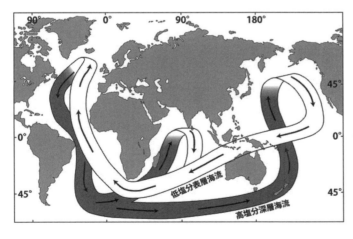

図1　熱塩循環
北大西洋と南氷洋で形成された高塩分水が海洋深層に沈降し，インド洋・太平洋で湧昇する海洋循環。1サイクルに約1,200年かかるとされる。
出所：Broecker and Denton, 1990を改変

[長谷川裕彦]

一体化する世界−交通・通信①

ハブ空港が立地する地の利は？

1. 航空輸送の長所

　人やモノの輸送手段には航空機・自動車・鉄道・船舶などさまざまなものあり，それぞれに長所と短所がある。では，航空輸送の長所は何だろうか。まず，非常に高速で長距離輸送ができることが挙げられよう。また，高度が高い大気中を飛ぶため地形の影響が少なく，最短距離に近いルートで移動できる。この長所から，生鮮食品や生花など鮮度が重要なもの，医療機器や医薬品など緊急を要するものの輸送に航空機は適する。技術革新の速さが目覚ましい今日では，パソコンやスマートフォンなどに使われるIC（集積回路）も，競合他社との競争に勝つために航空輸送がよい。航空輸送の短所は，輸送費が高く，重いものの輸送には不向きで，天候の影響を受けやすく，door-to-door輸送も行いにくいことである。ICは小型で軽く高価であり，生産費に占める輸送費の割合が小さくなるため，輸送費自体が高くても航空輸送に適する。

2. 航空戦略としてのハブ・アンド・スポーク方式

　国際観光客数は2024年にコロナ禍前の水準まで回復した。航空会社や空港運営事業者（国や地方自治体，公団・公社，第三セクター，民間企業など）は増収による業績回復を，観光地においては経済効果の向上による地域活性化を期待している。各アクターはそれぞれ多くの利益を得るために，同業者らと競合したり異業者らと業務提携したりして経営努力を重ねている。

　航空会社は，効率的なダイヤ設定，乗客の接続利便性の向上，ネットワーク拡大，コスト削減，マイレージサービスによる顧客の囲い込みなどを狙って「ハブ・アンド・スポーク方式」を採用する。これは拠点空港としてのハブ空港を中心に，周辺の空港と放射状に航空路線を結び（スポーク），人やモノを効率的に輸送する方法である（図1）。航空会社などは，どの空港をハブとするかが事業の成否を分けるため，戦略的にハブ空港を選定する。ハブ空港に選定された空港には空港使用料収入，雇用創出効果などが，ハブ空港の周辺地域には人やモノが集まり経済発展などが期待できるため，空港とその周辺地域はハブ機能を誘致する動機を航空会社に与えたり高めたりして，世界の他空港・他地域と競合する。アメリカ合衆国のある物流会社は，多くの大都市と同一の時間帯（標準時）であること，温暖な気候で年間通して機能すること，立地する都市からの良好な支援があることなどを鑑みてハブ空港を選んだという事例がある（井尻・加藤，2014）。

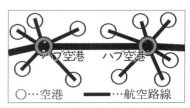

図1　ハブ・アンド・スポーク方式

　表1は2023年の乗降客数と航空貨物量の上位10空港を示したものである。コロナ禍前と傾向は概ね変わらず，北半球のハブ空港が多くランクインした。乗降客数（国内外計）は，首位常連のアトランタ国際空港など国内市場が好調のアメリカの空港が多く，国際線乗降客数は人の移動の自由やバカンスなどを背景に

表1　空港別の乗降客数・国際線乗降客数・航空貨物量の上位10国際空港

	乗降客数（国内外計）	国際線乗降客数	航空貨物量
1	アトランタ（アメリカ）	ドバイ（アラブ首長国）	香港（中国/香港）
2	ドバイ（アラブ首長国）	ロンドン（イギリス）	メンフィス（アメリカ）
3	ダラス（DFW）（アメリカ）	アムステルダム（オランダ）	上海（中国）
4	ロンドン（イギリス）	パリ（CDG）（フランス）	アンカレッジ（アメリカ）
5	東京（HND）（日本）	シンガポール	仁川（韓国）
6	デンバー（アメリカ）	イスタンブール（トルコ）	ルイビル（アメリカ）
7	イスタンブール（トルコ）	仁川（韓国）	マイアミ（アメリカ）
8	ロサンゼルス（アメリカ）	フランクフルト（ドイツ）	ドーハ（カタール）
9	シカゴ（アメリカ）	ドーハ（カタール）	ロサンゼルス（アメリカ）
10	ニューデリー（インド）	マドリード（スペイン）	台北（中国/台湾）

出所：国際空港評議会（2024）「Top 10 busiest airports in the world shift with the rise of international air travel demand」https://aci.aero/2024/04/14/top-10-busiest-airports-in-the-world-shift-with-the-rise-of-international-air-travel-demand/（最終閲覧 2025 年 1 月 6 日）

西欧の空港が多い。北京や上海など中国の空港は圏外となった。

3. LCCの生存戦略

　格安運賃を売りにする航空会社 LCC は 1980 年代にアメリカで登場した。日本では航空自由化の進展，訪日外客誘致，地方空港活性化を目指した路線誘致などで 2010 年以降に LCC の就航が進んだ。日本ではピーチやジェットスターなどの航空会社がある。

　LCC は低価格を実現するためにさまざまな企業努力をしている。水谷　淳（2021）によると，たとえばハブ・アンド・スポーク方式を採らず，短時間飛行で同じ乗務員が同じ航空機で往復する単純な運航にしている。複数の空港をもつ都市へは第一空港の使用を避けて空港使用料を抑える。乗務員は機内清掃やチェックインカウンターでの受付など複数の業務を担当する。機内座席は若干狭くして多く設置する。機内サービスの飲料提供を有料にすることで追加収入を見込むことに加え，無料提供よりもその利用が減るので，その分ギャレー（旅客機内のキッチン）を小さくして代わりに座席を設置する。このようなさまざまな工夫をしている。

[髙橋　裕]

[参考文献]

国連世界観光機関（2024）「World Tourism Barometer and Statistical Annex」https://www.e-unwto.org/doi/epdf/10.18111/wtobarometereng.2024.22.1.2（最終閲覧 2024 年 7 月 31 日）

朝日亮太・村上英樹（2014）「LCC の戦略―運賃を中心に―」加藤一誠・引頭雄一・山内芳樹編『空港経営と地域―航空・空港政策のフロンティア―』成山堂書店, pp.82-95.

井尻直彦・加藤一誠（2014）「エアライン・ハブとネットワーク・ハブ」加藤一誠・引頭雄一・山内芳樹編『空港経営と地域―航空・空港政策のフロンティア―』成山堂書店, pp.38-61.

杉山純子（2014）「LCC の概要―諸外国と日本―」加藤一誠・引頭雄一・山内芳樹編『空港経営と地域―航空・空港政策のフロンティア―』成山堂書店, pp.76-82.

水谷　淳（2021）「LCC のビジネスモデルとわが国における LCC の展開」加藤一誠・西藤真一・幕　亮二・朝日亮太編著『航空政策の現状と展望―アフターコロナを見据えて―』中央経済社, pp.53-60.

ANA 総合研究所編（2022）『エアラインオペレーション入門　決定版！航空現場のプロが伝えます　改訂新版』イカロス出版.

一体化する世界－交通・通信 ②

インターネットを使っていない人はどのくらいいる？

1. インターネットを日々利用する人々

　今日の社会は情報にあふれている。多くの人々がさまざまなメディアから，情報を毎日得たり発信したりしている。特にインターネット（以下，ネット）は24時間いつでも個人で情報収集したり発信したりでき，使わない日がないという人さえいる。

　2022年公開のオープンAI「ChatGPT」は，質問を入力すればネット上の情報をもとに回答を生成するAI（人工知能）である。登録者数は公開後2カ月で1億人を超え，個人で利用するだけでなく企業も業務に導入している。しかし，回答の精度が高いとは限らない。ある学校の生徒が，クラスで共通の課題を，生徒個人の判断でChatGPTを使って解いた結果，同じ誤りの答案が多数提出されたというニュースもあった。ネットを正しく使いこなすには，情報の真偽を見分けること，情報漏洩をしないこと，コンピューターウイルスや各種権利の侵害で人に危害を加えないことなど多くのリテラシーが必要である。

　2023年の世界全体のネット利用者数は約54億人で，利用率は約67％であった。利用率が特に高い国は韓国（97.6％）・イギリス（96.7％）・オーストラリア（96.2％）であり，日本は82.9％であった。世界の3割ほど，約26億人はネットワーク環境にない。

2. 世界にあふれた情報を使える人・使えない人

　情報通信技術（ICT）の発達が目覚ましい今日，娯楽から医療・防災まで，多種多様な多くの情報がネットから得られる。情報源が限定され，得られる情報量に差が生じると，社会から疎外されやすく，生きるうえで困難な状況におかれやすくなる。世界全体でスマートフォン（以下，スマホ）が普及しており，情報収集や通信方法は今や固定回線ではなくモバイル通信（モバイル回線）が主流である（写真1）。情報をどの程度得られるか，情報からどのくらい恩恵を得られるかは，スマホやコンピュータなど通信ネットワークをどれくらい利用・活用できるかで差が出る。

写真1　カンボジアで日本人宿を営む家族
スマホを全員が持つ（2024年8月撮影）

　ネットやパソコンなどのICTを利用できる人と利用できない人との間に生じる格差を「デジタルディバイド」という。総務省によると，これにはネットやブロードバンドの利用可能性に関する国家間・地域内の格差や，身体的・社会的条件（性別，年齢，学歴の有無など）の相違に伴うICTの利用格差などの観点がある。2021年時点で，高所得国のネット普及率が約93％に対して，低所得国では約27％である。ネットの利用率が低い国はウガンダ（10.0％）やニジェー

ル（16.9％）などアフリカに多い。特に低所得国ではジェンダー間の格差があり，アフリカでは男性が42％に対して女性が32％というように10％程度の開きがある。桜井哲夫（2005）によると，アメリカでは収入や学歴などの違いを背景として，アフリカ系やヒスパニックの人々のネットの利用率は，白人やアジア系より20％ほど低いという。木村忠正（2002）は，「『デジタル・デバイド』は，それぞれの社会の特質（特に，「富」と「リスク」の産出と分配に関する社会文化的特質）を映し出す鏡」と表現している。

　日本のなかにもデジタルディバイドは存在する。高齢者や低所得者の日本でのネット利用率は，他の層より数十％低くなる。このような状況を解消するには，自治体などによる環境整備や，学校・地域での広い意味での教育が大切であるといわれている。

3．途上国でみられるデジタル技術

　筆者はカンボジアをよく訪れる。移動手段はトゥクトゥク（三輪タクシー）が多い。その運転手はスマホを使って外国人の客と値段交渉し，カーナビのようにルート検索もする。スマホやパソコンなどの端末装置があれば，教員や教材が不足している地域でも動画をみせて教育機会を保障すること，気軽に通信できて就業機会を得ること，電子マネーでモバイル決済することなども可能である。デジタル技術はこのようにさまざまな状況を改善して格差を是正する，デジタルオポチュニティの面で役立つ。

　ICT産業が経済成長を牽引した国としてインドが有名である。インドは英語が準公用語で，理数教育に力を入れ，賃金も安かった。そして，アメリカ（特にシリコンバレー）と，約半日の時差を利用した国際分業を進めたため，ICT関連企業が（特にベンガルールに）集積し，経済発展を促した。デジタル技術は国を変貌させる力をもっている。

〔髙橋　裕〕

［参考文献］

木村忠正（2002）「『デジタル・デバイド』の比較社会文化論」C&C振興財団編『デジタル・デバイド―構造と課題―』NTT出版，pp.25-101．

桜井哲夫（2005）「デジタルネットワーク社会とは何か」桜井哲夫・大榎　淳・北山　聡『入門講座デジタルネットワーク社会―インターネット・ケータイ文化を展望する―』平凡社，pp.1-21．

総務省（2004）『平成16年版 情報通信白書』https://www.soumu.go.jp/johotsusintokei/whitepaper/ja/h16/pdf/index.html（最終閲覧日 2024年8月1日）

総務省（2011）『平成24年版 情報通信白書』https://www.soumu.go.jp/johotsusintokei/whitepaper/ja/h24/pdf/24honpen.pdf（最終閲覧日 2024年8月1日）

二宮書店編集部（2024）『データブック・オブ・ザ・ワールド 2024』二宮書店．

矢野恒太記念会編（2024）『世界国勢図会 2024/25』矢野恒太記念会．

ITU (International Telecommunication Union)（2024）「The gender digital divide」https://www.itu.int/itu-d/reports/statistics/2023/10/10/ff23-the-gender-digital-divide（最終閲覧日 2024年8月1日）

一体化する世界－地球環境問題①

アラル海が消滅した理由とは？

1. 外来河川と内陸湖

　乾燥地域では，年に数回程度，降水が生じた時にのみ流水する河川地形であるワジが認められる。また，山地から平野部に流れ込む河川の多くは末端が砂漠の中に消えて行く末無川となる。一方，ナイル川のように，上流域に降水量の多い湿潤地域を大面積で含む河川は，流量が大きくなり，乾燥地域でも水が涸れずにそのまま海まで貫流する外来河川となる。

　カザフスタンとウズベキスタンとの国境に位置するアラル海は，かつてカスピ海に次ぐ世界第2位（流出河川のある湖を含めると世界第4位）の面積を誇った内陸湖であった。アラル海は，年降水量200mm未満の乾燥地域に位置しながら，アムダリア川・シルダリア川という2本の外来河川が流入することで維持されてきた。アムダリア川とシルダリア川は，それぞれ氷河の輝く7,000m級の山々が連なるパミール高原および天山山脈を源流とする河川である。

2. 旧ソ連の自然改造計画とコンビナート開発

　第二次世界大戦後，ソ連の指導者スターリンは，農業生産性の向上などを目指して自然改造計画を推進した。中央アジアの乾燥・半乾燥地域では，アムダリア川中流とトルクメニスタンのアシガバードとを結ぶカラクーム運河や，オビ川支流のイルティシ川とカラガンダとを結ぶイルティシ＝カラガンダ運河（カニシュ＝サトパエフ運河）が建設され，アムダリア川・シルダリア川流域では灌漑用水路網が整備された。当初，オビ川とアラル海とを結ぶ運河を整備して中央アジアを一大農業地域に改造するシベリア河川流転計画もあった。

　旧ソ連では，遠隔地にある資源を結びつけて工業化を推進するコンビナート開発も建国直後から進められた。遠隔地の鉄山・炭田を結びつけた鉄鋼業を核とする重工業地帯が有名である。一方，鉄鉱資源が乏しかった中央アジア南西部では，元々盛んであった毛織物産業の技術集積を背景に，綿工業地域化が進められることとなった。これと，前述の灌漑用水路網の整備が結び付き，中央アジアにおける綿花栽培が推し進められることとなった。灌漑農地では，綿花栽培の他に米を中心とする穀類栽培も推進された。

3. アラル海の水位低下

　1960年代，灌漑用水の取水により，アムダリア川・シルダリア川のアラル海への流入水量は減少し始める（図1）。その後も灌漑農地の開発は進み，両

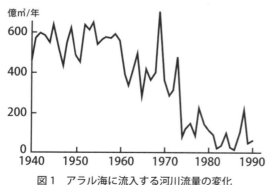

図1　アラル海に流入する河川流量の変化
出所：石弘之（1991）『地球への警告』朝日文庫を改変

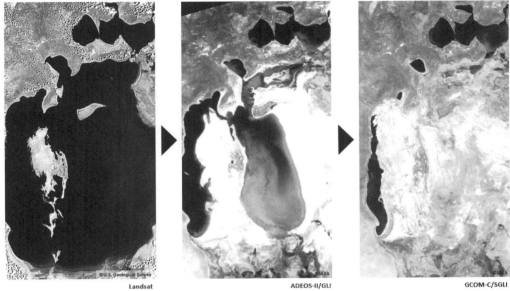

図2 アラル海の縮小
1988年：Landsat，2003年：みどりII，2023年：しきさいで観測。
提供：宇宙航空研究開発機構（JAXA）https://www.satnavi.jaxa.jp/ja/satellite-knowledge/data-insights/aral-sea/index.html（最終閲覧日 2024年11月3日）

河川の流量は減少の一途を辿った。その結果，アラル海の水位は低下を続け，1980年代には北部の小アラル海と南部の大アラル海に二分された（図2）。その後も水位は低下し，2009年には従来の10分の1にまで面積が縮小した。

縮小前のアラル海では，キャビア生産のためのチョウザメ漁などの漁業が盛んであったが，塩分濃度の上昇に伴う生態系破壊に伴い，大アラル海では1980年代に漁業は壊滅状態となった。その後，アムダリア川は末無川となり，大アラル海は縮小を続けて現在に至る。

一方，小アラル海では，塩分濃度の低いシルダリア川河口部での漁業が細々と続けられていた。しかし，かつての漁村から湖岸線が20km以上も後退したため，1年のうち3カ月間だけ湖岸にテントを設営しての限られた出漁であり，漁業人口は10分の1以下に，水揚げ高は20分の1以下に減少した。2005年にコカラルダムが建設されたことにより小アラル海の水位は回復し始め，現在は養殖漁業が行われている。

4．周辺地域における健康被害

アラル海の縮小は，生態系の破壊，漁業への打撃だけでなく，周辺住民への健康被害をもたらした。湖の縮小初期に陸化した旧湖底には植物も見られたが，1980年代以降には旧湖底に高濃度の塩分が集積した砂漠が形成された。強風が吹くたびに高濃度の塩分を含む砂嵐が発生し，周辺住民には呼吸器疾患をはじめとしたさまざまな健康被害が広がっている。周辺地域では灌漑農地での塩類土化や，残留農薬などによる飲料水・食物汚染の進行も問題となっている。

［長谷川裕彦］

一体化する世界－地球環境問題②

映画『デイ・アフター・トゥモロー』が警告する地球の未来とは？

1. 地球温暖化と『デイ・アフター・トゥモロー』

『デイ・アフター・トゥモロー』（原題：The Day After Tomorrow）は2004年に公開されたアメリカ映画である。地球温暖化の影響で南極の棚氷（南極氷床周辺で氷河が海に浮いている部分）に亀裂が入り，棚氷の大規模な流出（氷床崩壊）が生じる，というシーンから物語は始まる。そしてその結果，地球は新たな氷河期（氷期）に突入し，世界各地でさまざま異常気象が発生し，人類は生存の危機に瀕する，という内容である。

近年，地球温暖化への対応が叫ばれる中，数年後には氷河期に突入する，いやすでに氷河期に入っている，等々の言説が見受けられる。こんな時代であるからこそ，『デイ・アフター・トゥモロー』が生まれた背景にある科学的知見を見直しておくべきであろう。

2. 第四紀環境変動

第四紀（260万年前～現在：氷河時代，人類の時代）の環境変遷については，1950年代以降の深海底堆積物の分析や，1970年代以降の氷床コア（ボーリングで得た氷のサンプル）の分析により，一気に解明が進んだ。その結果，80万年前以降には，約10万年周期で氷期・間氷期が繰り返されてきたこと（長い氷期の間に1万年程度の短い間氷期が生じる），大気中の二酸化炭素濃度の変動が気温変動とリンクして生じていることなどが分かった。陸上の地形学・地質学の研究成果では，最終氷期（12万年前～1.2万年前）中に2～4回の亜氷期・亜間氷期（氷期中の寒冷期と温暖期）変動が認められていたが，1993年グリーンランド氷床コアの解析結果が報告され（図1），地球科学関連学界に激震が走った。その研究成果こそ，『デイ・アフター・トゥモロー』が生まれた原点であると考えられる。

3. ダンスガード＝オシュンガーサイクル（D-Oサイクル）

1993年，グリーンランド中央部で掘削された氷床コアの解析結果から，最終氷期中に24回！の亜氷期・亜間氷期変動が生じていたことが明らかにされた（図1）。気温変動のパターンは，1,000年～3,000年かけて約7℃，徐々に寒冷化が進み，その後数十年間で約7℃の急速な温暖化が生じるという顕著な鋸歯状パターンを示す。当初は批判・反論が相次いだが，数年のうちにD-Oサイクルに連動した環境変動が，低緯度地域や東アジアからも報告されるようになった。D-Oサイクルは，グリーンランド周辺地域における局地的な現象ではなく，地球規模の現象の一断面であることが広く認知されるようになったのである。

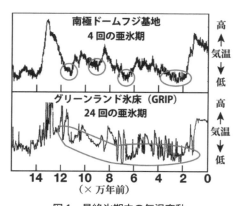

図1　最終氷期中の気温変動
出所：長谷川（2023）「第四紀の気候変動」に加筆。

その中でも，最終氷期中に北米大陸北部に発達したローレンタイド氷床が，サイクリックに氷床崩壊を起こし，大西洋に大量の氷山が流出した事件（ハインリッヒイベント）とD-Oサイクルが連動して生じていたことが確認された（ボンドサイクルと呼ばれる）。また，ハインリッヒイベント時には，北大西洋表層水の塩分濃度が急速に低下し，地球全体の気候環境に大きな影響を与えていると考えられている海洋の熱塩循環が止まったことが明らかとなった。

4. 北大西洋深層水と熱塩循環

　北大西洋表層の海流は，南から北へと流れ，赤道海域で大量の水蒸気が奪われるため，北に向かうほど塩分濃度が上昇する。塩分をたっぷり含み，しかも低温となった（重くなった）海水は，グリーンランド沖で沈降流を生じ深海底へと潜り込む。こうして北大西洋深層水（North Atrantic Deep Water：NADW）が形成される。NADWは，海洋深層を辿ってインド洋・太平洋まで流れ，やがて湧昇流となって海洋表層に戻り，約1,200年かけてグリーンランド沖に戻ってくる。この循環は熱塩循環と呼ばれ，現在の間氷期（完新世：1.2万年前～現在）の安定した気候を成立させる最も重要な因子となっている。

5. ボンドサイクルと『デイ・アフター・トゥモロー』

　先に述べたように，ハインリッヒイベント時には北大西洋表層水の塩分濃度が低下し（軽くなり），NADWの形成，すなわち熱塩循環がストップした。その結果，大量の熱を北極域に運んでいた北大西洋海流も止まり，北米・北欧では寒冷化が始まる（氷床が拡大し始める）。約3,000年かけて十分に寒冷化が進行すると，北大西洋表層水も十分に重くなり，NADWの形成が再開される（＝熱塩循環が再開する）。その結果，北大西洋海流も強化され，数十年間で7℃上昇するような急速な温暖化が生じる。氷床では大量の融水が生じ，やがてローレンタイド氷床が崩壊する（＝ハインリッヒイベント＝熱塩循環停止→ゆるやかな寒冷化の開始）。まだ確定したわけではないが，このようなメカニズムの結果，D-Oサイクルやハインリッヒイベントが生じてきたことが明らかとなった。

　さて，映画『デイ・アフター・トゥモロー』では，氷床崩壊の結果として氷河期への突入＝急速な寒冷化が起こったことになっている。現在，グリーンランド氷床は，いつ崩壊してもおかしくない状態となっており，崩壊が起こった場合には熱塩循環が停止し，氷河期に突入する可能性がある。しかしD-Oサイクルで明らかとなったように，寒冷化は1,000年間でマイナス数℃程度のスピードで進行するのに対し，現在生じている地球温暖化は100年間でプラス数℃のスピードで進行している。熱塩循環が止まり，現在とは全く異なった気候モードに突入すれば，地球環境に多大な影響が生じることは間違いないが，地球温暖化が急速に解消されるとは考えにくい。今後も地球温暖化対策に努力し続けなければならない。

［長谷川裕彦］

［参考文献］
多田隆治（1998）「数百年～数千年スケールの急激な気候変動」地学雑誌，107，pp.218-233.
長谷川裕彦（2023）「第四紀の気候変動」日本地理学会編『地理学事典』丸善出版，pp.234-235.

一体化する世界— SDGs

SDGs：17の目標と地理学習とのかかわりは？

1. SDGsの目的と地理学習

　SDGsとは「持続可能な開発目標（Sustainable Development Goals）」のことであり，2015年の国連総会において全会一致で採択された「我々の世界を変革する　持続可能な開発のための2030アジェンダ」の中に記載された。2030年までに持続可能でよりよい世界を目指し，地球上で「誰一人取り残さない（leave no one behind）」ことを目標としている。つまりSDGsとは，地球上で起きている社会問題や環境問題など多様な問題に対し，将来世代のために，世界中の人々が協力して課題解決をはかることを目指したものである。

　SDGsには17の目標と169のターゲットがあるが，地理との関連性の強い目標もあり，地理学習においてSDGsを取り上げることが必要である。授業では，まず17の目標がなぜ設定されたのか，その意味を考えることにより，現在世界が抱える問題点を考えることにつなげる。そしてその問題点を認識したうえで，次に問題解決について考えることが求められている。

2. SDGsの検証

　SDGsに対する取り組みがどの程度進んでいるのか，何が不足しているのかを検証し認識することも重要である。取り組みの進捗状況については，国際的な組織である「持続可能なソリューション・ネットワーク（SDSN）」が，各国のSDGs進捗状況を評価した『持続可能な開発報告書2024』を発表し，世界の現状に危機感を示している。

　この報告では，世界でSDGsの達成に向けて進捗が見られたのはわずか16％で，日本の達成度は79.9点（最高100点），167カ国18位であった。17ある目標のうち，5つの目標で前年同様最低ランクの評価だった（報告書は17の目標ごとに「達成済み」から「課

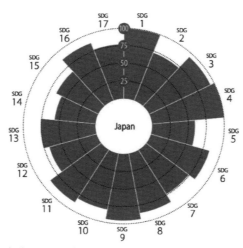

図1　SDSNの報告による日本のSDGsの目標ごとの平均の進捗状況（2024年）
出所：Sachs, J.D., Lafortune, G., Fuller, G. (2024) *The SDGs and the UN Summit of the Future. Sustainable Development Report 2024*. Paris: SDSN, Dublin: Dublin University Press.

題が残る」,「重要な課題がある」, さらに最低評価の「深刻な課題がある」までの4ランクで評価)。

　日本が最低ランクだった5つの目標は,「5. ジェンダー平等を実現しよう」,「12. つくる責任, つかう責任」,「13. 気候変動に具体的な対策を」,「14. 海の豊かさを守ろう」,「15. 陸の豊かさも守ろう」である。ジェンダー平等の目標5では, 国会議員の女性比率の低さや男女賃金格差が問題視され, 気候変動対策の目標13では, 化石燃料の燃焼による二酸化炭素排出量の多さが指摘された。また, 6つの目標が, 下から2番目の「重要な課題がある」であった。

　一方, 達成度が高かったのは,「1. 貧困をなくそう」,「4. 質の高い教育をみんなに」,「9. 産業と技術革新の基盤をつくろう」の3つであった。

　我々としては, まずは評価の低かった目標について, その原因を解明し解決策を考えることに取り組むべきであろう。

3．SDGsの問題点

　SDGsは崇高な取り組みではあるが, 問題点もあることを自覚しておかなければならない。問題点としては, 次の点が考えられる。

①目標が壮大すぎて実現が困難

　17の目標には「2. 飢餓をゼロに」,「3. すべての人に健康と福祉を」など,「ゼロに」,「すべての人に」という, 目標が壮大すぎて本当に実現可能なのか疑わざるをえないものがある。「ゼロに」などの極端な目標設定は, 壮大すぎて本当に実現できるのか。達成への道筋が想像できないような目標は, はたして適当なのだろうか。

②数値目標は妥当なのか

　SDGsの169のターゲットの中には, 数値目標が具体的に決められている項目もある。この数値が妥当なのか疑問であるという意見もある。ターゲットに設定されている数値の達成を課題解決とすることが本当に正しいのかどうか検証が必要である。数値だけを重視するのではなく, 現状や背景にも目を向けた取り組みが必要となる。

③SDGsウォッシュの可能性

　表面上はSDGsに取り組んでいるとしながら実際の業務では実践していない企業の活動のことを「SDGsウォッシュ」と言う。企業がSDGsへ取り組む場合には, 従業員に負担をかけたり新たなコストが発生したりする場合もある。そのような点を考慮した上で, SDGsに取り組むかどうかの判断が企業には求められる。

　その他, 目標の達成には多くの人々の協力が必要であることや, 資金面から発展途上国だけで取り組むには困難があり, 先進国の協力が不可欠なことが課題として考えられる。

〔宮嶋祐一〕

[参考文献]

SDSN（2024）『Sustainable Development Report 2024』p.252. https://s3.amazonaws.com/sustainabledevelopment.report/2024/sustainable-development-report-2024.pdf

小学館（2022）「Hug Kum」https://hugkum.sho.jp/360198#SDGs-2

一体化する世界−地理情報

世界の「いま」をウェブ地図からどのように読み取ればよいのだろうか？

1. あふれる地理情報

　インターネットへのアクセスが容易になり，デジタル化が日々進化する現代にあって，地理情報の入手も非常に簡単になった。GIS（地理情報システム）は身近なものとなり，利用が進んでいる。地理院地図（https://maps.gsi.go.jp/）は最もポピュラーなサイトであろう。

　一方，入手した情報や地図を読み取り，世界情勢をどのように把握するかが問われている。アナログの時代には分布図の作成自体が大変だったが，今その苦労はない。たとえば，航空機の稼働状況が世界地図上に示されるフライトレーダーを考えてみよう。

　このサイト（https://www.flightradar24.com/）では，刻一刻と変化する航空路が表され，世界の航空密度を知ることができる。経済が発達して，人の移動が活発な地域では航空密度が高い。アメリカやヨーロッパ，近年のアジアがこれにあたる。一方で，アフリカでは航空密度が低く，さらに植民地時代の旧宗主国との関係がいまも深いことがわかる。航空路線ごとの密度も比較すると興味深い。太平洋路線と大西洋路線では密度がかなり異なっている。また国内路線も，日本でいえば東京−札幌間，東京−福岡間を結ぶ路線の密度が濃いことがわかるだろう。

　そして最も現在の世界情勢を示すのが図1である。ぽっかりと穴があいたようになっているのはウクライナ上空である。ロシアと戦闘状態にあるウクライナでは民間航空機は飛んでいない。ヨーロッパとアジアを結ぶ航空機も飛行を避けている。また，日本からヨーロッパに飛ぶ便もかつてはロシア上空を飛行していたが，現在はできない。そのため，飛行時間が2〜3時間増加しているのである。

図1　ヨーロッパを中心に表示したフライトレーダー
出所：Flightradar24　https://www.flightradar24.com/（最終閲覧2024年9月）

航空路だけではなく，海運路を示したマリントラフィックというサイト（https://www.marinetraffic.com/）も非常に興味深い。航行している船種もわかるので，たとえばタンカーにしぼると，世界の海のどこをタンカーが航行しているかがよくわかる。

そのほかにも，ArcGIS というソフトで知られた ESRI ジャパンのサイト（https://www.esrij.com/）を見ると，GIS を用いたさまざまな活用例を知ることができる。

2. 情報を世界地図にあらわして読み取る

世界の現状を読み解くために，さまざまな統計を地図に表す方法がある。かつては地図帳の主題図を読み取ることや統計を図化することで現状を把握していたが，現在は必要な情報を地図化することが瞬時にできるようになった。

たとえば，世界銀行のデータを分布図に表してみよう。インデックスを開けると，さまざまなカテゴリーが英語で表示される。日本語に翻訳すれば，次の指標が示される。
農業と農村開発／援助の有効性／気候変動／経済と成長／教育／エネルギーと鉱業／環境／対外債務／金融セクター／性別／健康／インフラストラクチャー／貧困／民間セクター／公共部門／科学技術／社会開発／社会保障と労働／貿易／都市開発

環境の項目で CO_2 排出量を呼び出して，地図で表すと，図2に示した分布図が示される。しかも，この地図は1990年から2020年までの経年変化を表すことができる。

この分布図に森林面積の変化やエネルギー排出量の変化，人口増加などの変化を組み合わせてみると，各国の状況を知ることができるだろう。

このように自らが知りたい項目を表示することで，世界の変化を知ることができる。また，さまざまなデータベースを使って、世界地図に表す方法もある。MANDARA（https://ktgis.net/mandara/）はその代表例である。簡便になった GIS を使い，さらに多くのことがらを学んでいきたい。

［大野　新］

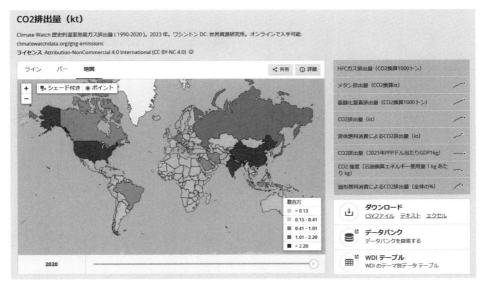

図2　世界銀行のデータ（CO_2 排出量）の分布図
絶対値を総体分布図で表現するのは本来は不適切だが，掲載されている資料をそのまま示す。
出所：世界銀行データ指標　https://data.worldbank.org/indicator （最終閲覧 2024 年 9 月）

一体化する世界－地理から考える平和

パレスチナとイスラエルをどうとらえるか？

1. 監獄から地獄に

　2023年10月7日，ついに始まってしまった。ガザ地区を実効支配するイスラム組織ハマスによるロケット弾攻撃，イスラエル領内における住民の殺害と人質の拉致。何をやっているんだ，現状維持しか道はないのに。

　その後の惨状は周知のとおりである。圧倒的な軍事力をもつイスラエル軍はすぐさま空爆で反撃，さらに地上軍の侵攻でガザ地区を破壊し，ガザでは多くの犠牲者が出ている。病院や学校も破壊され，2024年8月現在，死者数は4万人（ガザ保健局発表）を超えた。もちろん犠牲者はハマスの戦闘員だけではなく，そのほとんどは一般市民で，そのなかには多くの子どもも含まれる。

　地図をみると，イスラエル国内は分断されている（図1）。ユダヤ人が大半を占めるイスラエルと，アラブ人が多く居住する東西2つのパレスチナ暫定自治区である。

　そのうち西方に位置するガザ地区は，2007年以降，「テロリストの侵入防止」を目的としてイスラエルが建設した高さ8mのコンクリート製の分離壁によって周囲を隔てられ，自由な往来はできない。検問所はイスラエル側1カ所，エジプト側1カ所しかなく，モノの行き来も検問で厳しく制限されてきた。そのため，食料・日用品・医療品・燃料など，日々の生活に欠かせないものがつねに不足し，国連の支援に頼っている状態が続いている。また電力はイスラエルに頼らざるをえない状況で，その供給はきわめて不安定である。地中海側も厳しく監視され空港も破壊されていて自由に出入りすることのできないガザの状況は「天井のない監獄」と呼ばれてきた。種子島ほどの面積365km²に200万人以上が居住する世界有数の人口過密地域で，そこに住む人々の暮らしはこれまでも劣悪な状況にあった。

図1　パレスチナの範囲の変遷
色の濃い部分がパレスチナ，％は面積割合。
出所：パレスチナ子どもキャンペーンHP（https://ccp-ngo.jp/palestine/gaza-information/）に加筆。

しかし今回の攻撃でさらに絶望的となったガザはいま，生き地獄の様相を呈している。

2. パレスチナ問題は何が問題なのか？

　パレスチナとイスラエルの問題は，単に聖地をめぐる宗教紛争などではない。イスラエル人（ユダヤ人）とパレスチナ人による土地をめぐる争いである。国土，さらには水（河川水・地下水）をめぐる争いが70年以上も続いている。

　この争いが生じたそもそもの理由は，かの地に1948年イスラエルという国が建国されたことによる。この強引な建国は，ヨーロッパで迫害され続けたユダヤ人のシオニズム運動の高まりと，第一次世界大戦におけるイギリスの「三枚舌外交」が発端にある。第二次世界大戦後，国連による分割案に従い，それまでアラブ人の土地だったパレスチナにイスラエル国がつくられた。そして，それは，この土地に元々住んでいたアラブ人（パレスチナ人）にとって悲劇の始まりとなった。アメリカの支援を受けるイスラエル軍は圧倒的な軍事力をもち，アラブ諸国との4度の中東戦争はすべてイスラエルが勝利している。これらの戦争を経てパレスチナの領域はさらに狭まり，多くの難民が生じてきた。

　イスラエルはなぜ，土地の収奪を続け，パレスチナへの攻撃の手を緩めないのであろうか？　初の女性首相だったゴルダ＝メイアの次の発言はイスラエルの考えを端的に示している。「全世界に同情されながら滅亡するよりも，世界を敵に回してでも生き延びるほうを選ぶ。」

3. 自分とつながりのある存在として

　いま，こうしている間にも国際ニュースは，イスラエル軍の攻撃によって家族を失い泣き叫ぶ女性や，赤新月の救急車で搬送される出血多量の子どもの映像を伝えている。イスラエルの攻撃はガザ北部から始まり南部に達したが，停戦はすぐには実現しそうにない。だが，パレスチナは日本にとって遠い問題になってはいないだろうか。地理的な遠さだけではない。その複雑な歴史的経緯，馴染みのないイスラームやユダヤ教，繰り返される戦闘と出口の見えない状況，それらは容易には想像しにくいことかもしれない。

　それでも，まずは知ること，そして考えることから始めなければならない。最後に，命の大切さを伝え続け，2017年に亡くなった医師・日野原重明さんの言葉を紹介したい。

> 「自分たちとは違う暮らしをしている人たちの存在を知ったその瞬間から，遠い国のその人たちは，もうわたしたちの見知らぬ人ではありません。以前には何一つ知らなかった相手であったとしても，その人たちが同じ地球上で，同じ時を生きていることを知った瞬間から，自分とつながりのある存在として，その人たちをもう無視して過ごすことはできない。本当はそうであるべきなのです。」

　遠い国，見知らぬ人々であるパレスチナの現実を，知っている国・地域の問題として考え，そこに暮らす人々の苦難を想像し，共有すべき課題にすることこそ，地理教育の使命といえるのではないだろうか。

［近藤正治］

［参考文献］
日野原重明（2006）『十歳のきみへ—九十五歳のわたしから—』冨山房インターナショナル.

おわりに

　これまでの「授業のための世界地理」シリーズとは異なり，問いを明示した本書の構成を読者の皆様はどのようにお感じになったでしょうか。

　今を遡ることおよそ 30 年前，「人文地理学演習」の時間に，地理教育研究会の立ち上げに尽力された西川大二郎先生からくり返し問われたことは，「君の問題意識は何か」ということでした。地誌を描く上でもそれを意識すべきであることは，中学校学習指導要領が，動態地誌的な「世界の諸地域の学習」を提唱するようになったことからも分かります。（現在の中学校の教科書を開くと，州の掲載順は，アジア→ヨーロッパ→アフリカ→北アメリカ→南アメリカ→オセアニアと 4 社横並びになっています。本書の並びと異なるこの掲載順に違和感を覚える地理教育関係者は多いものと予想します。学習指導要領は取り扱う順まで縛りをかけてはいませんが，商品としての教科書の性質もあり，学習指導要領にあげられたとおりの順に掲載されているのです。）

　また，高等学校で必履修科目へと「昇格」した地理総合においては，地誌は排除されているはずですが，多くの教科書には地誌的な内容が掲載されており，一定の高校生が地誌を学んでいる状況が浮かび上がってきます。「地名物産」「暗記地理」と揶揄されてきた地誌授業から教室が解放されていることに期待しつつ，本書の編集作業にあたってきました。

　本書が執筆者の「問題意識」を反映した構成になっているのは，そのような一編集委員の経験によるものです。それぞれの問いへの解答は一つとは限りません。読み手の皆様が，本書の記載内容をもとにしつつ，各自の問題意識をもって新たな地誌を紡いでいただければと思います。

　末筆ながら，古今書院の原光一氏には本書の構成段階から関わっていただき，急ピッチで組版作業を進めていただきました。ここに厚く御礼を申し上げます

　　　2025 年 2 月

　　　　　　　　　　『地理で読み解く現代世界―授業のための世界地理―』編集委員会

　　　　　　　　　　　　　　　　　　　　　　　　　　　　武田 竜一

執 筆 者 一 覧 （五十音順）

飯塚　和幸*	井上明日香	上原　達也	大野　　新*
久保田嘉一	黒川　仁紀	近藤　正治	柴田　　健
菅澤　雄大	高田　和則	髙橋　　裕*	竹内　裕一
武田　竜一*	谷川　尚哉*	内藤　芳宏	長谷川裕彦
松尾　良作	三堀　潔貴	宮嶋　祐一	吉村　憲二
吉本　健一			

＊は編集委員

書　名	**地理で読み解く現代世界**－授業のための世界地理－
コード	ISBN978-4-7722-5361-1　C3037
発行日	2025 年 3 月 15 日　初版第 1 刷発行
編　者	**地理教育研究会** Copyright　© 2025 地理教育研究会
発行者	株式会社古今書院　橋本寿資
印刷所	太平印刷社
発行所	**（株）古今書院** 〒 113-0021　東京都文京区本駒込 5-16-3
電　話	03-5834-2874
FAX	03-5834-2875
URL	https://www.kokon.co.jp/

検印省略・Printed in Japan

◇地教研に入会して地域・日本・世界の再発見をしませんか

谷川尚哉（地理教育研究会理事長）

　東京九段，靖国神社近くの千代田区三番町に小さな事務所があります。そこが地理教育研究会（地教研）の事務局のある地理教育研究所です。地教研は，フィールドワークを重視しており，地域サークル主催の現地見学や国内現地見学及び海外現地見学などにも積極的に取組んでいます。

　フィールドワークは"地教研らしい新しい発見"があると評判です。また，北海道，東京，千葉，埼玉，神奈川，広島，島根，鹿児島などには地教研の地域サークルがあり，フィールドワークや例会などがおこなわれています。

　会報「地理教育研究会会報」（年6回），機関誌『地理教育』（年1回）が，会員になると定期的に届きます。また，各種出版物を発行し，会員の皆さまに特別価格で販売しています。会費の面でも"お得感"のある研究会です。

　地理教育研究会というと，学校の教員だけの集まりのように思われますが，最近では地理の魅力に惹かれて，大学生や一般の方の参加もあり，市民に開かれた地理教育をめざして，幅広い活動をおこなっています。また，「日本民間教育研究団体連絡会（略称：民教連）」の加盟団体であり，歴史教育者協議会や全国民主主義教育研究会と連携して活動するとともに，日本学術会議協力学術研究団体の一員として，地理学連携機構，地理関連学会連合，人文・経済地理関連学会協議会などに加盟し，学術研究団体としても活動しています。

　地教研が発足したのは1957年です。その後一時停滞期がありますが，1964年に現在の会の体制を確立し，今日に至っています。本研究会では，「戦前の地理教育には科学性が乏しく国家主義，軍国主義の政策に奉仕する場合」があったとの反省に立ち，「平和と民主主義をおしすすめる教育」をめざすことを，発足の時からの精神としています。

　2017年に設立60周年を迎えました。2025年は長崎，2026年は東京での大会開催を準備しています。

　3・11東日本大震災・福島原発事故とその後の地域の現実は，私たちが真剣に考えなければいけない問題を鋭く提起しています。また，学習指導要領が大きく変わりました。詰め込み教育への後戻りや，緒に着いたばかりの35人学級の見直しなど教育現場に様々な問題が起きています。学校現場に役立つ地理（社会科・地理教育）から教養としての地理（生涯学習）まで幅広く取組む"地教研"に是非参加して，一緒に学び・考えましょう。

　◇入会希望者は郵便振替用紙に下記事項を書き込み，年会費を
　　［振替 00120-5-161662・地理教育研究会］に振り込んで下さい。
　　＊年会費 4,000円（一般）／3,000円（シルバー・学生）

　　・会費（　　　　年度）　　　　円　・カンパ　　　　円
　　・計　　　　　　　　　　　　　円
　　・郵便番号，住所，氏名，所属（勤務先，在学校名），電話番号，メールアドレス
　　・連絡事項

　地理教育研究会事務局　〒102-0075 東京都千代田区三番町24-5-601　地理教育研究所内
　TEL03-3237-7279　email：chikyouken@sepia.plala.or.jp　ホームページ https://www.chikyouken.com/